나는 왜 나보다
남을 더 신경 쓸까?

나는 왜 ―― 나보다
남을 더 신경 쓸까?

낸시 콜리어 지음
정지현 옮김

눈치 보기, 호감 얻기,
욕구 억누르기로 지쳐버린
여성들을 위한 심리학

현암사

나는 왜 ——— 나보다 남을 더 신경 쓸까?

초판 1쇄 발행   2023년 3월 15일

지은이   낸시 콜리어
옮긴이   정지현
펴낸이   조미현

책임편집   박승기
표지 디자인   이유나
본문 디자인   정은영

펴낸곳   ㈜ 현암사
등록   1951년 12월 24일 · 제10-126호
주소   04029 서울시 마포구 동교로12안길 35
전화   02-365-5051
팩스   02-313-2729
전자우편   editor@hyeonamsa.com
홈페이지   www.hyeonamsa.com

ISBN 978-89-323-2285-8 03180

줄리엣, 그레천, 프레더릭에게 바칩니다

차례

들어가는 말
당신은 누가 돌보죠?

"당신은 누가 돌보죠?"

이렇게 물으면 거의 모든 여성의 눈에서 눈물이 흐르기 시작한다. 눈물 다음에 나오는 대답은 보통 이렇다. 아무도 없어요. 당신을 돌보는 사람이 아무도 없고 무엇보다 자신조차도 그 어떤 이로운 방법으로 자신을 돌보지 않고 있다고 느낀 적이 있는가? 사회, 경제, 교육, 인종 배경을 막론하고 모든 여성이 비슷한 말을 한다. "마치 저에게 탯줄이 붙어 있는 것 같아요. 오직 한 방향으로만 흐르는 탯줄요." 우리는 다른 모든 사람의 욕구를 돌보고 보호자의 역할을 하고 착한 여자가 되고 자기 개선을 위해 노력하면서 살아가지만 정작 자신의 욕구는 제쳐두는 경우가 많다.

당신은 다른 사람들에게 무엇이 필요한지 미리 알아차리고 채워주었고 감정의 짐을 짊어졌고 몸과 마음, 영혼까지 다 바쳐 등골까지 빼 먹혔고 그러다가 자신의 욕구는 방치하고 자기 안의 진정하고 중요한 무언가를 외면했는가? 무엇보다 다른 사람들을 실망시키지 않으려고 노력하면서 살아가는가? 본질적으로 진정한 자아가 표현되지 못하는 방식으로 살아가고 있지는 않은가?

감정 소진을 깨닫는 데는 오랜 시간이 걸릴 수 있는데 깨달았을 때쯤이면 당신은 그것을 느끼지 않아도 되도록 대처하거나 아예 무감각해지는 다양한 전략을 마련해 두었을 것이다. 어쩌면 어느 정도 체념 상태로 어차피 내 욕구는 충족되지 않을 것이고 만족스러운 방식으로 진정한 나로 살아갈 수 있을 리도 없음을 받아들였을지도 모른다. 어차피 인생은 그런 것이라고.

충족되지 않고 있는 당신의 욕구는 무엇인가? 무엇을 얻지 못해서 만성적인 소진이 일어나는가? 물론 여성마다 욕구와 갈망이 다르지만 충족되지 않을 때 정서적 소진과 자아로부터의 단절이 발생하는 특정한 욕구가 있다. 안타깝게도 많은 여자들의 평소 상태가 그렇다.

성별이나 정체성과 관계없이 모든 인간에게는 누군가 자신을 봐주고 알아주었으면 하는 욕구가 있다. 좀 더 구체적으로 말하자면 우리가 누군가에게 해주거나 제공하는 것을 알아주기를 바라기보다 있는 그대로의 나로 인정받고 싶어 한다. 누구나 진정한 자신으로 살고 싶어 한다. 외적 경험이 내적 경험과 일치하고 그 누구도 아닌 나의 진실이 들어 있으며 남이 아닌 정말로 내 삶처럼 느껴지는 그런 삶이다.

마지막으로 인간의 가장 보편적인 욕구는 비판과 판단 없는 사랑과 수용에 대한 욕구이다. 이것은 진정한 돌봄의 본질이기도 하다. 우리는 타인뿐만 아니라 자신과도 이러한 연결을 갈망한다. 이 욕구가 아예 충족되지 않거나 충분하게 충족되지 않으면 우리는 소진 상태에 빠진다. 이 책을 읽기 전에 생각해 보길. 당신을 이 책으로 데려온 것은 어떤 그리움과 부재, 원동력, 경험, 번아웃인가? 당신은 어떤 갈망에 굶주렸는가?

감정적 소진은 절대로 피할 수 없을 정도로 극심하게 느껴질 수도 있다. 그런가 하면 뒤쪽에 깔린 배경처럼 전반적인 불만과 불완전함, 공허함으로 나타나기도 한다. 뭐라고 딱 꼬집어 말할 수 없지만 분명히 지친 느낌이다.

신체적 탈진이 몸에 영향을 미치는 것처럼 감정적 소진도 우리의 마음과 정신에 영향을 미친다. 우울증, 불안, 좌절, 절망, 분노, 피로, 중독, 두통, 만성 통증, 불면증 등 여러 가지 형태로 나타날 수 있다. 이 모든 것이 감정적 소진의 명백한 징

후이다. 에너지를 재충전하고 근본적인 생명력과 다시 이어지기 위해서는 먼저 소진의 원인을 찾아야 한다. 어디가 고장 났는지 모르면 고칠 수 없으니까. 방해물을 찾아야만 자신의 진정한 힘도 발견할 수 있다.

이 책은 순전히 나의 호기심과 고민에서 탄생했다. 수십 년 동안 여성 내담자들을 만나고 수많은 여성을 인터뷰하면서 이런 의문을 품게 되었다. 감정적 소진 증상을 보이는 여자들이 왜 그렇게 많을까? 다른 사람의 눈치를 보면서 과거에 그랬거나 그렇게 될 수도 있거나 절대로 될 수 없는 껍데기 같은 모습으로 살아가는 여자들이 왜 그렇게 많은 걸까? 자양분을 제공하는 진정한 욕구와 진정한 자아로부터 단절되었다고 느끼는 사람이 왜 그렇게 많을까? 이유에 관한 것보다 더 중요한 질문도 떠올랐다. 이런 상황에서 무엇을 어떻게 해야만 우리 여자들이 자신을 새롭게 발견하고 내적인 생명력에 다시 불을 붙일 수 있을까?

세상은 이렇게 말한다. 우리는 가치 있는 존재이고 우리의 욕구는 타당하며 우리는 자신의 진실을 표현할 권리가 있다고. 사회에서 진정성에 관한 생각은 표면적으로 박수갈채를 받는다. 대담하게 있는 그대로의 모습을 보여라. 진짜 자신이 되어라! 우리는 자신의 고유함을 찬미하고 진짜 목소리를 내고 진짜 자신이 되라고 격려받는다. 하지만 표면적으로만 그럴 뿐이다. 더 깊은 차원에서 살펴보면 그러한 삶의 방식은 우리가 어려서부터 배운 것과 정반대에 놓여 있다.

현실적으로 우리 사회는 여성의 욕구를 무시하고 깎아내린다. 자신의 욕구를 당당하게 드러내는 여성을 조롱하고 부정적인 낙인을 찍는다. 욕구가 없고 희생적인 여성을 이상화한다. 결과적으로 우리는 자신의 욕구를 비난하고 거부하게 되었다. 욕구에 대해 부정적인 방식으로 생각하게 된 것이다. 자기 삶에 대해 한번 생각해 보라. 당신의 진실은 다른 사람들에게 무시되었고 어쩌면 당신조차도 거들었을 것이다.

그동안 우리 사회는 노동력이나 가족, 사회적 측면, 정치를 비롯해 모든 곳에서 큰 발전을 이루었지만 여전히 많은 여성들은 욕구를 가져서는 안 된다고 믿는다. 작고 사소한 것은 괜찮을지라도 정말로 중요하거나 불편할 수 있는 욕구는 가지면 안 된다고 말이다. 욕구가 있다는 것 자체가 실패로 여겨진다. 다른 것들과 마찬가지로 사람 자체가 실패작이 된다.

이 책은 여자들이 자신의 욕구를 인식하도록, 더 중요하게는 욕구와의 관계를 인식하는 것을 도와주기 위해 쓰였다. 겉으로만 그럭저럭 자신을 돌보는 것처럼 보이는 게 아니라 내적 깊숙한 곳에서부터 진정으로 자신을 돌보는 방법을 알려주고자 한다. 올바른 파트너 찾기나 자기개선, 페이셜 크림 같은 것에 의존하지 않고 내적인 활력과 진정한 자아를 가꾸도록 도와주는 안내서이다. 내 목표는 우리 여자들의 초점을 타인을 돌보는 것에서 자신을 돌보는 것으로 옮기는 것이다. 완전히 새로운 방식으로 말이다(하지만 다른 사람들을 돌보지 않는다는 뜻이 아니다).

앞으로 만나게 될 내용은 자기돌봄에 대한 근본적으로 다른 접근법이다. 현재의 셀프 케어 업계가 약속하는 것처럼 일시적인 해결책이나 기분을 좋게 해주는 방식이 아니다. 그런 방식은 결국 효과가 없다. 이 책에서는 더 깊고 더 신뢰할 수 있고 무한하게 강력한 방식을 제공할 것이다. 하지만 경고하고 싶은 것이 있다. 진정한 자기돌봄의 여정을 떠나기로 결심했다면 자신을 만날 준비를 해야 한다. 지금 당신이 맡은 모든 역할 아래에 숨어 있는 자신을 드러낼 준비를 해라. 남들에게 맞추려고 자신을 바꾸어야만 하는 압박감에서 자유로워진 나를 만날 준비를 해라. 바뀔 준비를 해라.

다른 사람들을 위해 수행하는 역할에만 머무르고 그들에게 맞추기만 하지 않고 진정한 자아를 찾아가도록 힘을 주고 격려하고자 한다. 자신의 진실을 아는 것에서만 그치지 않고 밖으로 소리 내어 말하고 실제로 그렇게 살아가도록. 타인을 만족시키려고 애쓰는 것에서 벗어나 진정한 자신이 누구인지 발견할 수 있도록 도울 것이다. 궁극적으로 이 책은 남들에게 잘 보이는 것보다 스스로 마음에 드는 여자가 되는 방법을 다

룬다. 당신이 원하고 필요로 하는 것이 그것이라면, 기꺼이 그 과정에 헌신할 마음이 있다면, 자신의 진실과 지식을 믿고 확고하게 자신의 편에 설 때가 올 것이다.

진정한 자기돌봄의 여정 그 중심에는 알아차림awareness이 있다. 앞으로 여성이라는 이유만으로 우리가 가정한 진실, 욕구에 대한 믿음, 그리고 사회, 가족, 교육, 미디어를 통해 이루어진 조건화conditioning에 살펴볼 것이다. 그런 것들이 우리가 진정성보다 수용을 추구하게 했다. 우리가 다른 사람들에게 잘 보이기 위해 자신을 희생하면서 그들의 욕구를 돌보고 관리하도록 학습되었다는 사실을 깨달을 것이다.

기억하라. 여러분의 그림자에 빛을 비추어 자기 안에서 무슨 일이 일어나고 있는지 아는 것만으로, 이 책의 메시지를 흡수하는 것만으로도, 여러분은 이미 그 일을 하고 있다. 이미 변하고 있다.

앞으로 감정적 소진이 어떤 느낌이고 원인이 무엇인지 설명할 것이다. 그 과정에서 호감성likability이라는 감옥의 문을 활짝 연다. 이것은 남들에게 판단되거나 거부당하지 않고 정서적으로 안전하기 위해 항상 타인을 만족시키려고 애쓰게 만드는(그래야만 한다고 느끼는) 함정이다. 이 감옥을 이루는 쇠창살이자 우리가 그 안에 자신을 가두고 호감성을 유지하기 위해 해야만 한다고 생각하는 행동들을 살펴본다. 자신을 돌본다고 생각하지만, 사실은 방치하고 있는 모습이다.

우리 문화가 여자들에게(그리고 우리 스스로) 어떤 판단과 비판을 하고 이름표를 부여하는지도 살펴볼 것이다. '까다로운 여자'부터 '통제광'까지 온갖 비판으로 가득한 위험하고 고통스러운 지뢰밭이다. 우리를 침묵시키고 욕구를 억제하게 만드는 무기고 전체를 살펴본다. 어린 시절의 가정환경, 즉 보호자가 우리의 욕구에 어떻게 대응했고 그것이 우리에게 어떤 믿음을 만들고 왜곡했으며 욕구를 충족하기 위해 스스로 어떤 전략을 세웠는지까지.

그 과정에서 우리의 행동을 만들고 이끄는 핵심적인 믿음을 파헤친다. 그것은 우리의 마음 한구석에 들어찬 상상과 가정에 불과한 진실과 현실이다. 죄책감, 수치심, 판단을 불러일으키는 핵심 믿음의 그늘에 가려져 있으면 우리의 욕구가 방해받을 수밖에 없다.

그다음에는 110억 달러 규모에 이르는 셀프 케어 산업을 자세히 들여다본다. 이 산업은 소진의 근본적인 원인을 다루거나 해결하는 데 실패하는 시스템이다.

그렇다면 과연 이 책이 해결책도 제시하는지 궁금할 것이다. 그럴 것이다. 근본적으로 다른 접근 방식의 자기돌봄, 자신을 돌보고 진정한 나로 살게 해주는 현실적이고 일상적인 도구를 제공한다. 호감성을 보장해 주는 것이 아니라 자신의 진실을 말해야 하는 목적과 관련된 방법이다. 이 책은 자신의 경험이 중요하고 자신이 중요하다는 것을 알고 자신의 욕구를 돌보고 자신의 지식을 신뢰하는 여자로 살아가는 방법을 알려준다. 한마디로 흔들림 없이 언제까지나 자기편을 드는 여자다.

이 책을 계속 읽고 있다면 분명히 감정적으로 지쳤거나 의미 있는 방식으로 자신을 돌보지 않거나 욕구를 충족하지 못하거나 자신에게 필요한 것이 무엇인지조차 모를 수도 있다. 더 진실하고 생명력 넘치는 삶에 대한 희망과 가능성에 계속 관심을 가져왔을 수도 있다. 어쨌든 이 책을 계속 붙잡고 있다는 것은 좋은 뜻이다.

말은 쉽지만 자신의 욕구를 인정하는 자신감 넘치고 진정성 있는 여자로 살아가기란 절대로 쉽지 않다. 사실은 매우 위험할 수도 있다. 우리 여자들은 진정한 자신으로 살아가려고 하면 남자는 물론이고 같은 여자들에게도 비판받는다(자신도 포함). 우리가 자라온 환경은 절대로 다른 사람의 기분을 상하게 해서는 안 된다는 걸 가르쳐주었다. 하지만 그런 모습은 강하거나 자기 목소리를 내거나 솔직한 이미지와는 어긋날 수밖에 없다. 자신의 욕구와 경험을 가리고 다른 사람들을 행복하게 하는 데만 집중하는 것이 더 안전하고 현명한 선택처럼 느껴질지도 모른다.

하지만 이 사실을 알아야 한다. 자신을 돌보기 위해 사랑하는 사람들을 저버릴 필요가 없다. 그리고 안전하고 행복하기 위해 자신의 욕구를 외면하지 않아도 된다. 지난 몇 년 동안 지금 이 책을 읽고 있을 사람들과 비슷하다고 할 수 있는 수많은 여성과 그 누구에게도 가장 중요한 여정을 함께했다. 그 여정은 바로 남들이 원하는 사람이 아니라 자신이 원하는 사람, 진짜 내가 되는 것이다. 자신의 무게 중심과 북극성을 밖에서 안쪽으로 옮기는 과정이다. 한마디로 귀향이다.

나는 여성들이 자신만의 독특한 스타일로 진정한 목소리와 진정한 욕구, 진정한 힘, 진정한 자아를 찾는 모습을 수없이 보았다. 그런 모습을 옆에서 지켜볼 때마다 나도 변화를 겪는다. 매번 기적을 보는 것 같다. 결국 내가 이 책을 쓰게 만든 것도 그 과정에서 느낀 경외심이었다.

이 책의 페이지들을 천천히, 주의 깊게 읽어달라고 말하고 싶다. 우리 사회에서 여성은 어떤 존재인지 개인적으로 마주한 내적이거나 외적인 도전을 생각해 보라. 여성의 조건이 어떤 식으로 당신을 만들고 가두고 제한했는지 살펴보라. 자신의 욕구와 어떤 관계를 맺고 있고 욕구를 어떤 식으로 허용하는지(또는 허용하지 않는지) 세심한 주의를 기울여라. 이렇게 물을지도 모른다. "잘 모르겠어요. 어떻게 하면 되나요? 구체적으로 어떻게 해야 하고 어떤 기분을 느껴야 하나요? 어디서부터 시작하면 될까요?" 답은 간단하다. 이 책의 내용을 흡수해 의식 속으로 들여보내고 어떤 방식으로든 당신의 경험과 어우러지게 하면 된다.

이 책은 여럿이 함께 볼 수도 있다. 변화를 일으키려면 함께 보아야만 한다. 사람들과 모여서 이 책에 담긴 알아차림을 개인적이고 문화적인 수준으로까지 끌어올리기를 권한다. 그래서 독서클럽 가이드를 만들었는데 http://www.newharbinger.com/50157에서 확인할 수 있다.

이 여정을 시작하기로 마음먹은 사람들에게 한 가지 부탁을 드리고 싶다. 책을 읽다가 어떤 내용이 나오든 자신을 탓하지 말고 끝까지 자기편을 들어주겠다고 약속해 주기를 바란다. 이 책의 내용이 개인에게 어떤 의미인지는 크게 상관이 없다. 어떻게 느끼고 받아들여야 하는지 정답은 없으니까. 하지만 느껴야 한다. 이 책에 담긴 내용이 그저 해야 할 일 목록에 하나 더 추가하는 자기돌봄에 관련된 새로운 아이디어에 불과해서는 안 된다.

반드시 일상생활에 적용해 현실로 만들어라(이 책의 내용을 시도해 보고 있다는 사실을 아무에게 말하지 않아도 된다). 효과 있는 방법은 활용하고 나머지는 그냥 남겨둔다 이 책의 내용 전부가 모든 사람에게 공감되라는 법은 없다. 왜냐하면 당신은 다른 누구도 아닌 당신이고 지금까지 당신의 인생을 살아왔기 때문이다. 자신의 경험에 찬찬히 귀를 기울이고 어떤 진실이 밝혀지든 존중하고 받아들이는 연습이라고 생각하면서 이 책을 읽어주었으면 좋겠다.

1장　나는 어디에 있지?

: 호감성의 감옥

"미란다는 똑똑하고 매력적이고 무척 호감 가는 여성이다. 하지만 그렇게 매력적인데도 많이 지쳐 있고 심지어 갇혀 있다는 느낌마저 든다. 꼭 금박을 두른 새장 안에 갇힌 황금 새 같다." 이것은 기억에 강렬하게 남은 미란다를 처음 만난 날, 그녀가 상담을 마치고 돌아간 후에 내가 메모한 내용이다.

주관이 뚜렷하고 카리스마 있고 직업적으로도 성공을 거둔 이 세련된 46세의 워킹맘은 대담하고 진정한 삶을 살고 싶어서 나에게 도움을 청했다. 그런데 정말로 흥미로운 부분이 있었다. 그녀가 "다른 사람들을 만족시키는 데 따르는 혜택과 보상"을 포기하는 한이 있더라도 더 대담하고 더 진정한 삶을 원한다는 사실이었다. 미란다의 그 말은 훗날 이 책의 씨앗이 되어주었다.

미란다는 아이들에게는 헌신적인 엄마이자 남편에게는 애정과 배려심 넘치는 아내, 회사에는 성실한 변호사, 나이 든 부모에게는 효심 깊은 딸, 많은 사람에게는 좋은 친구였다. 한마디로 이상적인 현대 여성이라고 할 수 있었다. 하지만 주변의 수많은 이들에게 그런 존재가 되어주는 동안 정작 그녀 자신의 욕구는 잃어버렸다. 자신에게 그리고 자신을 위하여 되어야만 하는 존재가 없어졌다. 그녀가 위하는 사람들과 별개로 존재하는 그녀 자신의 욕구는 사라져버렸다.

겉으로 보면 미란다는 모든 여자가 원하는 삶을 살고 있었다. 사회가 우리가 하거나 되어야 한다고 말하는 모든 것을 다 해냈다. 하지만 속으로는 그녀가 '진짜 자아'라고 부르는 자신의 핵심과 단절된 느낌을 받았다. 자신의 진정한 힘과 활력에서 분리된 기분이었다. 다른 사람이 되려고 애쓰고 남들의 눈치를 보느라 지칠 대로 지쳐버린 미란다는 이제 그런 노력은 그만두고 진짜 자신에게로, 집으로 돌아가는 길을 알고자 했다. 그녀는 '나'라고밖에 표현할 수 없는 무언가와 이어지고 싶었다.

하지만 사람들이 자신을 좋아하게 만드는 기술을 평생 갈고닦아 온 미란다였다. 자신만의 욕구가 있다는 사실 자체가 두려웠고 호감성을 포기하면 어떤 결과가 따를지 걱정스러웠다. 결혼생활, 직업, 친구들, 심지어 멋진 엄마라는 정체성까지 소중한 모든 것을 잃어버릴 게 분명하다고 생각했다. 남의 눈치를 전혀 보지 않는다는 것이 위협적이고 현명하지 않은 일처럼 느껴졌다. 그녀는 이렇게 말했다. "곁에 고양이뿐 아무도 없이 홀로 쓸쓸하게 늙어 죽고 싶지 않아요." 미란다는 감정적으로 지치고 삶의 충만함을 느끼지 못했지만 사람들의 눈치를 보지 않는다고 더 나은 삶이 될지, 심지어 살 가치가 있는 삶이 가능할지 매우 회의적이었다.

호감성의 감옥

소속감은 인간의 기본적인 욕구이다. 생존과 밀접한 관련이 있기 때문이다. 무리에 속하면 버려지거나 보호받지 못해서 죽는 일이 없으리라는 것을 의미한다. 하지만 소속감은 신체적인 피해로부터 안전한 것만 의미하지 않는다. 정서적인 피해로부터도 안전하다는 뜻이다. 다른 사람들에게 받아들여지고 가치를 인정받고 사랑받는 상태다. 감정적으로, 심리적으로 온전함을 느끼려면 어딘가에 속해야 한다. 이제 우리는 더 이상 숲속에서 살지 않고 잡아먹히지 않기 위해 무리가 필요하지 않지만 소속의 필요성은 여전히 우리가 하는 모든 일의 중심에 자리한다. 그것은 여전히 행동의 동인이다.

여자들의 상황은 좀 더 복잡하다. 우리 여자들은 생존에 필요한 소속감을 얻는 가장 좋은 방법이 타인을 만족시키고 타인이 원하는 모습으로 살아가는 것이라고 배운다. 그래서 호감을 얻는 능력이 우리의 원동력이 되고 모든 행동을 이끌고 움직이는 기본 체계가 된다. 호감을 받는다는 것은 사람들이 나를 받아주고 원한다는 뜻이다. 물론 호감성은 여러 면에서 유용하고 보호막이 되어주지만 사람들이 나를 좋아하게 만들어야 한다는 압박감은 창살 없는 감옥이 될 수도 있다. 우리는 다른 사람들을 만족시키려고 자신의 행동을 관리하고 통제하기 시작한다. 나아가 자신의 욕구와 필요를 조정하고 성격까지 맞추기에 이른다. 그러다 보면 어느새 그 모습이 진짜 나라고 생각하게 된다.

오래된 이야기

여자들에게 감정 소진이 일어나는 근본적인 이유를 찾는 것은 쉽지 않다. 그 주제에 접근할 때 결국 여자가 하는 일이 너무 많아서라는 진부한 생각에 빠지게 된다. 직장과 침실, 주방, 학부모회에서 볼 수 있는 활기 넘치고 적극적이고 경쟁심 치열한 슈퍼우먼의 모습을 떠올린다. 좀처럼 거절하지 못하고 자신을 위해 아무것도 요구하지 않는(받지도 않고) 여자를 상상한다. 이런 고정관념이 내면화되었기 때문에 우리는 지쳤다고 느끼는 여성을 볼 때마다 스스로를 제대로 돌보지 못한 탓이라고 당사자에게 책임을 묻는 습관에 빠진다. 역시나 여자들이 자신에게 필요한 것을 얻지 못하는 이유가 제 잘못이라는 메시지가 전달된다. 하지만 자신의 소진 상태를 살펴볼 때 이 함정에 빠지면 안 된다. 아무리 슈퍼우먼이라도 당신이 지친 이유는 절대로 당신 탓이 아니다.

하는 일이 너무 많다는 오래된 클리셰와 서사가 문제의 내재적인 복잡함과 합쳐져서 좀처럼 원인을 분석하기가 어려워진다. 여성이 자신의 욕구를 새롭게 살펴보고 감정적 소진의 뿌리를 밝히고 만성적 소진을 일으키는 이유를 이해하는 것은 절대로 쉬운 일이 아니다. 마찬가지로 당신의 현재 상태일 수도 있는 감정 소진에 새롭고 고상한 해결책을 생각해 내는 것도 힘든 일이다. 그렇다 보니 내면의 결핍이 정말로 무엇인지 알아내는 것보다, 양털 쿠션을 사거나 뜨거운 물로 목욕을 하는 것처럼 손쉬운 해결책에 의지하는 것이 훨씬 더 간단하게 느껴질 수도 있다.

실제로 우리 여자들이 자신의 욕구를 충족하거나 자신을 돌보는 문제는 항상 여자들에게 불리한 쪽으로 진행되곤 한다. 나중에 더 자세히 다루겠지만, 문제는 자신을 돌본다는 생각과 관행 자체가 여성의 가장 강력한 조건인 이타적이고 희생적인 모습과 충돌한다는 점이다. 한마디로 여자가 자신을 돌본다는 개념 자체가 세상에 널리 퍼져 있는 메시지와 정면으로 대립하므로 통념은 여자가 자신을 위해 아무것도 필요로 하지 말아야 한다는 사실을 우리에게 쉴 새 없이 일깨워 준다. 여자는 어떤 존재이고 어때야 하는지에 대한 사회적 인식과 우리에게 정말로 필요한 것의 엄청난 틈새야말로 감정적 소진의 핵심이다.

완벽한 여자

10대였을 때 삼촌에게 들은 이야기는 그 뒤로 오랫동안 내 머릿속에서 떠나지 않는 의문을 제기했다. 삼촌이 오랫동안 알고 지낸 남자에 관한 이야기였는데 그 남자의 아내에 관한 이야기이기도 했다. 남자는 거의 매일 저녁 밖으로 나가서 신나게 놀았다. 친한 친구들이나 술친구들과 술집에서 술을 마셨다. 그 자리에 다른 여자들이 있을 때도 많았다. 그는 어쩌다 가끔 내키면 술을 마시다가 아내에게 연락해 상황을 알렸다. 어쩌다 전화할 때마다 아내의 반응은 항상 똑같았다. 애초에 삼촌이 그 이야기를 꺼낸 이유이기도 했다. 여자의 대답은 늘 "당신이 올 때까지 기다릴게요"였다. 이야기를 듣던 우리 집 남자들이 그 부분에서 어떤 반응을 보였는지 아직도 생생하게 기억한다. 누군가는 "와, 그런 완벽한 여자를 어디 가면 살 수 있나?"라고 했고 또 다른 사람은 그 여자에게 여동생이 있느냐고 물었다.

우리 사회는 엄청난 진보를 거두었지만 완벽한 여성에 대한 정의가 여전히 널리 퍼져 있다. 당신이 생각하는 완벽한 여자는 어떤 모습인가? 강하고 아름답고 똑똑하고 건강하고 도움이 되며 자신감 있고 관대하고 사랑이 넘치면서 친절하고 용서하고 희생하는가? 그녀는 다른 모든 사람의 욕구를 충족하지만 정작 자신을 위해서는 아무것도 필요로 하지 않는가? 그녀가 제공하는 무엇이 그녀를 그렇게 특별하고 바람직한 존재로 만드는가? 다행히 현재는 세계적으로 성 정체성과 생활방식, 커리어, 체형, 여성의 전반적인 의미가 넓어지면서 이 완벽한 여성의 이미지도 변화하고 있다. 그러나 완벽한 여성의 이미지는 여전히 이상적으로 여겨지고 여성스러움의 모델이며 여성들의 정신세계에 강한 영향을 끼친다.

스스로에게 물어보자. 이 상상 속의 완벽한 여자가 될 수 없는데도 당신은 여전히 그런 여자가 되어야 한다고 믿고 있는가? 기준을 충족하지 못해서 좌절감을 느끼는가? 내면의 비판자는 우리가 이상적인 여성의 기준에 미치지 못한다고 비판하고 수치심을 느끼게 만드는 목소리이다. 우리는 세상이 원하는 기준에 부합하는 완벽한 여자가 되기 위해 노력하고 남들에게 호감받는 사람이 되려고 노력한다. 하지만 환상에 불과한 이상에 부합하지 않는다고 자신을 비판하기 때문에 우리를 가두는 감옥의 쇠창살은 더욱더 튼튼해진다.

언제나 사람들을 위해 시간 내기

우리는 어릴 때 어머니와 다른 여성들을 보면서 많은 것을 배운다. 완벽한 여자는 다른 사람들이 필요할 때 항상 시간을 내준다. 누군가에게 뭔가가 필요하면 나의 욕구는 기꺼이 제쳐두고 나서야 한다. 자신에게 물어보자. 친구나 친척, 동료, 심지어 낯선 사람에게 도움이 필요할 때 하던 일을 제쳐두고 도와주는 경향이 있는가? 당신의 내면세계에는 '거절'이 아예 금지되어 있는가?

삼촌의 이야기에서 남자의 아내를 모든 남자가 사고 싶은 완벽한 여자로 만든 것은 그녀가 언제든 남편을 위해 시간을 내어준다는 사실이었다. 그녀는 집에서 사랑으로 맞이할 준비를 하면서 남편을 기다렸고 아무런 질문도 요구사항도 기대도 없이 남편이 원하는 것을 뭐든지 다 들어줄 수 있었다. 물론 언제든 시간을 내어주는 것을 목표로 삼으면 인기와 호감은 올라갈 것이다. 하지만 자신의 가치가 가용성에서 나온다는 믿음이 굳어진다. 타인을 나보다 우선시해야 사랑받을 수 있다는 믿음 말이다. 그 믿음은 우리를 똑같은 행동에 가두고 감정을 소진하게 한다.

남들의 시선에 대한 과도한 경계심

우리는 호감을 지속하기 위해 타인의 필요뿐만 아니라 그들이 나를 어떻게 생각하는지에도 주의를 기울이는 법을 배웠다. 당신의 경험에 대해 생각해 보라. 당신은 타인의 시선을 지나치게 의식하는가? 내가 나에 대해 아는 지식은 제쳐두고 타인의 관점을 믿는가? (더 우선으로 여기는가?)

사람들이 나를 좋아하게 만드는 것에 집중하는 것은 어떤 면에서 논리적이기도 하다. 만약 성공한다면 거절당하거나 버려지지 않을 테니까 말이다. 하지만 남들이 나를 어떻게 생각하는지에 모든 관심과 에너지를 쏟으면 가족, 친구, 파트너, 전문가를 비롯한 타인이 나보다 나를 잘 안다고 생각하게 되고 결국 자존감과 경험, 정체성도 그들의 의견에 좌우된다. 가장 내밀하고 필수적인 질문을 남에게 맡겨버리는 셈이다. 나의 진실은 무엇인가? 내가 원하는 것과 필요한 것은 무엇인가? 무엇이 내가 자신을 좋아하게 만드는가? 나는 누구인가? 이런 질문들이 이렇게 바뀐다. 그들은 내가 어떤 사람이라고 생각하는가? 그들은 지금 내가 잘하고 있다고 생각하는가?

그들은 나에게 무엇이 필요하다고 생각하는가? 내가 어떤 사람이어야 그들이 나를 좋아할까?

우리는 인생의 가장 중요한 질문들에 대한 답에 관하여 자신이 아니라 남을 더 믿어야 한다고 배운다. 결과적으로 후회할 결정을 내리고 자기 삶에 대한 통제권을 얻지 못한다.

자신을 무시하다

다른 사람들의 욕구와 시선에 주의가 집중되면 그들의 욕구를 충족하고 잘 보이려고 노력하는 과정에서 당연히 자신의 경험은 불신하고 무시하게 된다. 자신의 지식을 무시하고 자신의 진실에 귀 기울이는 것을 그만두는 것이 현명하다고 생각한다. 자신을 지혜의 원천으로 여기기를 거부한다. 결국은 나에게 무엇이 최선이고 나의 진실은 무엇인지 그 누구보다 내가 가장 잘 안다는 믿음 자체가 사라진다. 내가 정말로 내 입장에 서서 내 경험의 인도를 받아 나아가면 중요한 것을 잃으리라 생각하게 된다.

그래서 우리는 자신의 진실을 다른 사람들에게 넘겨주고 아이러니하게도 그에 대한 보상을 받는다. 자신에 대한 의심은 유연성과 협동의 증거가 되어 소속을 보장하는 또 다른 방법으로 자리 잡는다. 내가 아니라 타인이 나의 경험을 바탕으로 가장 잘 결정할 수 있는 사람이 된다. 그 자체도 호감성을 지키는 이상한 방법이다.

성인이 되었을 때쯤 여자들은 자신의 목소리를 무시하고 그것이 틀렸음을 입증하는 데 매우 능숙해져 있다. 내면의 목소리는 나의 진실을 알고 있으며 내가 무엇을 원하고 필요로 하는지 안다. 우리가 귀 기울이지 않을 뿐이다. 지금쯤 그 목소리는 당신의 귀에 속삭이고 있을지도 모른다. (운이 좋다면) 주의를 끌려고 아주 큰 소리로 외치고 있을 수도 있다.

필요한 것은 밖에 있다는 믿음

호감성의 감옥을 만드는 또 다른 요소는 나에게 필요한 것은 밖의 어딘가에 있으며 찾기만 하면 된다는 믿음이다. 많은 여성이 자신의 욕구를 충족해 주고 자신과 다시 이어줄 무언가 또는 누군가를 찾으려고 평생을 애쓴다. 그 성의 열쇠를 자기 계발 전문가, 파트너, 나를 아는 사람들, 미디어, 유명 인사들에게서 찾으려고 한다. 자신에게 필요한 것이 바깥세상 어딘가에 있다고 확신한다. 하지만 그 열쇠가 자신의 주머니에 들어 있을지도 모른다는 생각은 단 한 번도 해보지 않는다.

침묵을 지키다

완벽한 여성에 대한 삼촌의 이야기를 들었을 때 내가 사랑하고 믿는 남자들이 찬양하는 여성의 이미지가 그렇다는 사실에 혼란과 실망을 동시에 느꼈던 기억이 생생하다. 그런데 놀라운 사실은 그 이야기를 듣고 느낀 감정을 용기 내어 말하고 불만을 표출하면 호르몬 때문에 지나치게 예민한 10대로 치부되리라는 것을 내가 그 어린 나이에도 잘 알고 있었다는 점이다. 뭐라고 분명하게 표현할 수는 없지만 나는 진실을 이야기하는 것이 다른 사람들에게 수용과 사랑을 받는 것에 심각한 위협이 될 수 있다는 것을 본능적으로 알았고 기꺼이 위험을 감수할 용기가 없었다.

우리 여자들의 가장 뿌리 깊고 습관적인 행동은 침묵을 지키고 자기 생각을 말하지 않는 것이다. 우리는 특히 다른 사람들의 감정과 충돌할수록 진짜 감정을 숨기는 것이 자신을 지키는 길이라는 깊은 믿음을 가지고 있다. 침묵과 무난함이 남들이 나를 좋아할 가능성을 높여준다고 확신한다. 실제로 그럴 수도 있다. 우리는 부정적으로 판단되는 것을 피하려고 진짜 생각과 감정을 말하지 않고 진실을 남들이 좋아할 만한 보기 좋은 모습으로 바꾸고 자신의 경험에 기반한 판단이 모든 사람에게 받아들여지도록 수정하는 선택을 반복한다. 당신은 그것이 공정한 거래라고 스스로에게 말했을 것이다. 사람들에게 인정받고 사랑받는 대가로 진짜 나를 드러내는 목소리와 진실, 진정성을 포기한다. 덕분에 사람들과 문제없이 섞일 수 있다. 결국 침묵과 친절이 자신을 돌보는 가장 신뢰할 수 있는 방법이라는 결론에 이르고 당신은 그 전략을 선택한다.

투명 인간 되기

정말로 혼란스럽다. 세상은 우리에게 필요한 것을 당당하게 요구하고 진정한 내가 되고 자신을 돌볼 수 있어야 한다고 말한다. 그런데 동시에 우리는 다른 사람들을 만족시키고 이타적인 태도를 보이면 커다란 보상을 받는다. 자세히 들여다보면 세상이 장려하는 자기돌봄은 이타적인 자아를 위한 것이다. 거기에 진짜 나는 없다. 이것이 바로 여자들의 딜레마이다.

게다가 우리는 자아가 사라지는 이타심이 옳고 사람들에게도 인정받는다는 믿음 때문에 자신에게 그것을 기대한다. 그 무엇도 요구하면 안 된다는 생각이 커질수록 나에게 필요한 것을 요구하기가 어려워진다. 결과적으로 자신의 욕구를 충족하기가 더욱더 어려워지게 된다. 우리가 자신에게 이타심을 요구할수록 이타심에 보상을 주는 시스템은 더욱더 굳건해지며 그 고리가 무한하게 반복되는 것이다.

주는 것의 가치

우리가 목을 가누기 시작할 때부터 그 작은 소녀의 머릿속에는 착한 여자란 어떤 여자인지에 대한 개념으로 가득 찬다. 특히 우리는 착한 여자는 남들에게 베풀고 도움을 주어야 한다고 배운다. 더 많이 줄수록 칭찬과 존경과 인정을 더 많이 받는다. 이것이 우리가 자신의 가치를 결정하는 방식이 되는 것도 전혀 놀라운 일은 아니다. 우리는 줄 때 자기 가치를 느끼며 가치 있는 사람이 되려면 당연히 주어야 한다고 느낀다. 결국은 줄 것이 아무것도 남지 않을 때까지 계속 준다. 주는 것이 곧 받는 것이라는 생각으로. 하지만 그러면 끊임없이 타인의 욕구만 중요시하고 어떻게 하면 타인을 만족시킬 수 있는지만 생각하는 덫에 빠진다. 다른 사람들을 돌보면 내 욕구도 채워진다고 상상하면서 말이다. 하지만 결국은 감정적 소진으로 이어지는 삶의 방식이다. 그 과정에서 우리를 지치게 하는 시스템이 다시 한번 굳건해진다.

욕구를 자책하다

마지막으로 꼭 언급해야 할 여자들의 행동이 또 있다. 인식하기 어려울 정도로 우리에게 깊이 뿌리박힌 행동이다. 바로 우리가 욕구에 대해 자신을 자책한다는 것이다. 좀 더 구체적으로 말해서 우리는 잘못된 욕구를 가졌다고, 그런 욕구를 가질 자격이 없다고, 그 욕구를 사라지게 하지 못한다고 자책한다.

우리가 자신의 욕구를 곧 문제로 인식하도록 배웠다는 사실이 우리를 진정한 딜레마에 빠뜨린다. 욕구는 뭔가 잘못하고 있다는 뜻이고 무언가가 우리를 문제 있는 사람으로 만들고 있다는 뜻이 된다. 이처럼 우리의 욕구는 원치 않고 환영받지도 못할 뿐만 아니라 자존감에도 위협이 된다. 말할 것도 없이 호감도도 위협한다.

모든 적응 행동이 그렇지만 역설적으로 우리는 타인에게 수용되고 결과적으로 안전의 가능성을 높이기 위해 자신을 비난한다. 하지만 이 특별한 적응 행동은 자신이나 자신의 욕구와 건강한 관계를 구축하려는 희망을 없앤다. 욕구를 갖는 것은 잘못이고 그 문제의 책임은 나에게 있으니까, 내가 문제 그 자체이니까, 결국 기꺼이 자신을 돌보거나 심지어 자신을 좋아할 가능성은 아예 사라진다.

다시 질문으로 돌아가 본다. 왜 그렇게 많은 여자들이 감정적으로 지쳐 있을까? 나아가 우리는 왜 감정 소진이 단순히 삶의 방식이라고 가정할까? 인생의 주요 과제가 다른 사람들의 호감을 받는 것이라면 당연히 그들을 가장 신경 쓸 수밖에 없지 않을까? 타인의 호감을 얻는 것이 결국 나를 돌보는 일이고 행복으로 가는 최선의 방법이라고 믿으니까 말이다. 하지만 우리에게 가장 은밀하게 새겨진 믿음은 자신보다 다른 사람들의 욕구에 주의를 기울이려면 안과 밖의 목소리를 침묵시키고 스스로 아는 것을 불신해야 한다는 것이다. 간단히 말해서 자신을 버려야 한다. 많은 여성이 그렇듯 이런 믿음을 전부 가지고 있다면 뭐 하러 자신의 욕구에 신경 쓰겠는가? 무슨 목적을 위해? 우리가 다른 모든 것을 포기하지 않고 우리 자신을 돌보는 방법은 과연 무엇일까?

다음 장에서는 여자들이 세상으로부터 전달받고 내면화하는 메시지, 특히 우리를 가두고 지치게 하는 메시지에 대해 자세히 살펴보기로 하자.

2장   문화
: 세상이 여자들에게 금지하는 것

여자란 무엇인가? 우리의 가부장적 문화가 이 질문에 답한다. 소속감과 호감성을 지키려면 여자가 어떻게 보여야 하는지, 무엇을 필요로 해야 하는지, 무엇을 원하고 생각해야 하는지, 어떻게 행동해야 하는지, 그리고 우리가 차지할 수 있는 공간은 어디인지까지도. 궁극적으로 우리는 여자가 되는 법을 배운다.

하지만 알다시피 '이래야 한다'라는 가르침에는 '이러면 안된다'도 따라오기 마련이다. 후자는 더 강력한 메시지이고 쉬이 사라지지도 않는다. 공식적인 행동 수칙의 목록이 존재하는 것도 아닌데 여자와 여자아이들은 어떤 사람이 되어야 하고 어떤 모습이 소속과 수용을 위태롭게 하는지를 빠르고 명확하게 이해하게 된다.

그런데 한 가지 주의할 점이 있다. 기본적으로 이 책은 가부장적인 사회를 묘사하고 예시에도 남성이 잘못한 것처럼 보이는 경우가 많지만 여자들이 심리적으로 지친 이유는 남자들의 탓이 아니다. 오히려 남자들도 여자는 자신을 버리고 남을 위해야 하며 욕구를 갖는 것은 잘못이라고 비판하는 오늘날의 시스템에 갇혀 있다. 따라서 여성의 경험과 여성을 가두는 사회적 감옥에 대한 알아차림이 커진다면 남성도 여성과의 관계에서 자유로워지고 남녀 관계의 긍정적인 가능성도 커질 것이다.

우리가 숨겨져 있거나 숨겨져 있지 않은 메시지를 알아차려야 하는 이유는 더 이상 그 메시지에 좌우되지 않기 위해서이다. 그 메시지들을 밝히고 더 이상 우리의 행동을 좌우하지 않도록 힘을 빼앗아야 한다. 자신이 무엇을 믿는지, 무엇을 왜 두려워하는지 알게 되고 나아가 두려움을 줄이고 호감성을 지키고 궁극적으로 타인의 비판에서 벗어나기 위해 스스로를 바꾸고 통제한다는 사실까지 알게 된다면 그 시스템에서 벗어날 수 있다. 알아차림이 커지고 앞을 가로막는 두려움이 사라지면 방어적으로 사는 것을 멈추고 그저 예의 바르게 행동하는 것 이상이 될 수 있다. 자신의 욕구를 억누르고 감시할 필요 없이 자유롭게 살 수 있는 것이다. 세상이 정해준 기준에 따르지 않고 있는 그대로의 진정한 나로 살 수 있다.

이제부터 우리 여자들이 일상에서 흔히 마주하는 비판과 꼬리표에 대해 살펴보자. 우리는 이 말들을 여자로 살아간다는 것의 당연한 의미로 받아들이고 있을지도 모른다.

"넌 너무 까다로워"

'까다롭다'라는 표현에는 강력한 힘이 들어 있다. 특히 여자에 대한 비판으로 사용될 때는 엄청나게 강력한 펀치를 날린다. 이 표현은 욕구가 너무 눈에 띄는 여자를 비판할 때 자주 쓰인다. 까다로운 여성에 대한 세상의 인식부터 먼저 살펴보자.

클로이는 새로 사귄 남자에게 푹 빠져 행복한 나날을 보내고 있었다. 사귄 지 3개월 정도 되었을 때 남자친구가 바닷가로 당일 여행을 가자고 했다. 사실 클로이는 바다를 별로 좋아하지 않았다. 싫어하는 쪽에 더 가까웠다. 하지만 남자친구와 함께라면 해변의 뜨거운 햇볕도 연약한 하얀 피부가 벌겋게 탔던 수많은 나쁜 경험도 전부 상관없었다. 그저 남자친구와 하루를 보낼 수 있다는 사실이 행복할 뿐이었다.

그런데 바닷가에 도착해 모래밭에 담요를 펼치기 시작했을 때 클로이는 가방에 자외선 차단제가 들어 있지 않다는 사실을 깨달았다. 그녀의 남자친구는 해변을 너무도 사랑하는 사람이라서 자외선 차단제를 바르는 것에는 관심이 없었고 챙겨왔을 리도 없었다. 클로이는 불안감이 마구 치솟았다. 그늘이라고는 전혀 찾을 수 없는 직사광선 아래에서 적어도 6시간을 보내야만 하는 처지였다.

클로이는 물을 사 오겠다는 핑계로 노점 가판대로 갔지만 그곳에서는 선크림을 팔지 않았다. 그녀는 정말 필요한 것은 구하지 못하고 물 두 병만 들고 돌아갔다. 시내가 불과 1킬로미터 거리였지만 담요와 아이스박스를 비롯해 짐을 전부 차에 싣고 시내로 운전해서 갔다가 돌아와서 도로 꺼내야 한다는 뜻이었다. 너무 큰 수고가 필요한 일만 같아서 요구할 자격이 없는 것처럼 느껴졌다. 그래서 그냥 참기로 했다.

클로이는 해변에서 보내는 시간 내내 벌써 피부가 탄 것 같은 불안감을 느꼈다. 그와 동시에 까다로운 여자로 보일지도 모른다는 두려움이 그녀를 마비시켰다. 열사병 직전이었던 그녀는(이 사실도 남자친구에게 알리지 않았다) 그날 밤 남자친구가 집에 내려다 주자마자 황급히 응급실로 가서 치료받았다. 남자친구에게 성가신 모습을 보이지 않기로 한 클로이의 선택은 결국 심각한 일광화상, 직장 결근, 온몸을 뒤덮은 물집이라는 결과를 가져왔다.

클로이는 '특별한 요청을 하는 까다로운 공주님'이 되고 싶지 않았다. 문제가 생기기를 원하지도 않았고 문제를 일으키고 싶지도 않았다. 그녀가 가장 원한 것은 남자친구가 그녀를 좋아하는 것이었다. 그러기 위해서는 아무런 요구도 불만도 없는 쿨한 여자친구가 되어야만 한다고 생각했다. 그런 것들이 바람직한 여자의 특징이라고 확신했다.

욕구가 없음을 뜻하는 암호이기도 한 무난하고 여유로운 모습은 여성의 매력 지수에서 매우 큰 포인트를 차지한다. 어떤 남자는 반쯤 농담으로 "여자는 까다롭지 않을수록 매력적이다"라고 말하기도 했다. 여자가 원하는 것이 다른 사람들의 노력이나 행동 변화를 필요로 할 때 또는 조용하게 혼자서 해결하지 못하는 것일 때 까다로운 여자라고 평가받는다. 또한 남들이 생각하는 것과 다른 것을 원할 때, 더 정확하게는 다른 사람이 그녀에게 원하는 것과 다른 것을 원해도 까다롭다는 말을 듣는다.

"어떻게 그렇게 이기적일 수가 있어!"

"제가 혼자만의 시간을 보내고 싶어 한다면 그건 이기적인 행동 아닌가요? 나쁜 엄마가 되는 거잖아요." 앤은 혼자만의 시간을 원한다는 사실이 고통스러웠고 큰 혼란마저 느꼈다. "그냥 주말 한두 시간이면 돼요. 하지만 아이들에게 공평하지 않은 일이에요. 엄마라면 당연히 아이들을 최우선으로 생각해야 하지 않나요? 아이들보다 나를 먼저 생각하는 건 너무 이기적이잖아요."

이 말에 담긴 뜻은 이렇다. 우리 여자들이 단 한 시간이라도 오롯이 자신을 위해 쓰는 것은 이기적인 행동이다. 여자가 자신을 돌보는 것은 이기적인 일이고 자신을 위해 쓰는 시간은 결국 다른 사람들에게 빼앗는 시간이다. 아무리 작아도 자신의 욕구를 챙기면 오직 자기밖에 모르는 이기적인 여자가 된다.

현실적으로 여자는 태어날 때부터 자신보다 다른 사람들을 우선시하면 칭찬받고 존경받는다. "우리 딸은 다른 아이에게 장난감을 양보하는 모습이 정말 예뻐. 양보심이 많아!" "정말 사랑스러운 아이야. 자기는 작은 쿠키를 집고 남동생한테는 큰 걸 주잖아." 이런 말에 담긴 메시지는 노골적이며 전혀 복잡하지 않다. 자신보다 다른 사람을 우선시하는 여자는 착하고 좋은 사람이라는 것. 여기에는 좀 더 미묘한 뜻도 들어있다. 타인의 욕구가 충족되는 것이 내 욕구를 충족하는 것보다 더 중요하다. 훨씬 더 미묘한 메시지도 있다. 다른 사람들의 욕구가 충족되는 것이야말로 내가 원하는 일이라는 것이다. 우리는 자신의 가치가 다른 사람들에게 얼마나 많은 것을 주는지에서 나온다는 사실을 배웠으므로 이기적이라는 말은 최악의 비판이나 다름없다. 우리의 기본적인 가치에 의문을 제기하기 때문이다.

친한 친구 매디의 가족과 우리 가족은 가끔 밖에서 함께 저녁 식사를 한다. 그런데 매디는 자신을 위한 음식을 주문한 적이 한 번도 없었다. 그 사실을 알아차린 지 여러 해가 지났을 때야 마침내 그녀에게 왜 자기 메뉴는 묻지 않느냐고 물어보았다. 친구의 입에서 당연하다는 듯 나온 대답은 이러했다. 아이들을 먹이느라고 바빠서 먹을 시간이 없기 때문이라고. 하지만 더 중요한 것은 그녀가 두 아들이 음식을 맛있게 먹는 모습을 보면서 그녀 자신은 먹을 필요가 없을 정도로 큰 즐거움과 만족감을 얻었다는 사실이다. 아이들의 기쁨은 그녀의 기쁨이자 자양분이 되었다. 아이들의 욕구가 충족되면 그녀의 욕구도 충족되었다.

사람을 돌보는 직업군에 여자들이 많다는 사실은 놀라운 일이 아니다. 간호사, 사회복지사, 교사 등. 우리는 다른 사람들을 행복하게 만들어줄 때 자신의 가치를 확인받을 뿐만 아니라 행복감도 느낀다. 남들에게 베푸는 과정에서 여성으로서 가장 중요한 책임을 성공적으로 수행하고 있다는 사실을 확인하고 성취감도 느낀다.

우리는 자신의 욕구를 알아차리거나 중요하게 여기는 순간 이기적으로 보일지도 모른다는 두려움에 사로잡힌다. 그런

데 비판의 목소리는 다른 누구도 아닌 자신에게서 가장 먼저 나온다. '이기적'이라는 말은 내면의 비판자가 우리를 공격할 때 가장 먼저 하는 말이다. 내가 상담치료사로서 내담자들에게 가장 많이 듣는 자기 비난이기도 하다. 슬픈 일이지만 대부분의 여성은 자기 편이 아니다.

이기적으로 보일지도 모른다는 두려움은 아주 어렸을 때부터 우리의 마음에 깊이 새겨진다. 이것은 자신의 욕구를 돌보는 것이 이기적이고 자기중심적이며 제멋대로인 행동이라는 강력한 믿음이다. 또한 우리는 자신의 욕구를 돌보는 것은 다른 사람들의 욕구를 무시하는 뜻이라고 믿는다. 자신을 신경 쓰면 타인은 신경 쓰지 않는 것이라고. 둘 중 하나만 가능하다고. 선택지가 이기적이거나 이타적이거나 두 가지뿐이라면 우리가 어느 쪽을 택할지는 자명하다.

"넌 통제광이야"

라다는 마음이 무거웠다. 대학 입학을 앞둔 막내딸이 곧 집을 떠날 예정이었다. 막내까지 독립한다니 그녀는 힘들고 허전한 마음에 대해 남편과 이야기를 나누고 싶었다. 남편은 주의가 산만한 편이라 차 안이 대화 장소로 좋을 것 같았다. 그녀는 자신이 느끼는 슬픔과 불안감에 대해 남편에게 털어놓고 싶었다. 막내까지 집을 떠나면 부부 사이를 이어줄 끈이 사라져서 관계가 소원해지지는 않을지에 대해서도 대화를 나누고 싶었다. 라다에게 필요한 것은 그저 속마음을 털어놓고 안심하는 것뿐이었다.

대화가 시작된 지 겨우 몇 분 만에 남편은 라디오에서 흘러나오는 노래를 흥얼거리며 앉은 자리에서 춤을 추기 시작했다. 라다는 자신이 슬픈 감정과 대단히 중요한 이야기를 하고 있는데 그가 춤추고 노래하는 것이 이상하고 배려심이 없게 느껴진다고 부드러운 어조로 말했다. 그리고 춤과 노래를 자제하고 자신의 말을 그냥 들어주거나 조금이라도 공감해 줄 수 있겠는지 친절하게 물었다. 남편은 잠자코 있다가 짜증 난다는 듯 "듣고 있어"라고 말했다. 그 순간 라다에게는 남편이 "핀을 뽑기 직전의 수류탄"처럼 보였다.

너무 큰 상처를 받은 라다는 중간에 말을 멈추고 입을 꾹 닫았다. 몇 분 후에 그녀가 먼저 침묵을 깼다. "왜 내 감정이 당신을 그렇게 화나게 해? 난 그저 우리가 부부로서 잘해 나갈 수 있는 새로운 방법을 찾아서 같이 문제를 해결할 거라는 말을 듣고 싶을 뿐인데. 나한테 필요한 건 당신이 이 문제를 나와 함께 할 거라는 확신과 안심뿐이라고. 자주 있는 일은 아니지만, 그래, 지금 내가 당신에게 친절을 부탁하는 거야. 내가 너무 큰 걸 바라는 거야?"

그 말과 함께 핀이 뽑히고 수류탄이 터졌다. 남편은 몇 차례 큰 소리로 욕설을 한 후에 말했다. "당신은 심각한 통제광이야. 모든 사람, 모든 걸 통제해야 직성이 풀리지. 아예 대본을 써주지 그래? 내가 대본에 적힌 대로 말할 테니까. 당신은 내 말과 행동을 통제하려고 해. 그게 당신이 원하는 거지. 원하는 대로 움직이는 로봇을 구하는 게 낫겠네. 그러면 당신이 원하는 걸 얻을 수 있겠지." 그 후 두 사람 모두 아무런 말도 하지 않았다.

이 대화가 이상하게 들릴지 모르지만 나는 심리치료사로서 이런 유형의 상호작용을 자주 접한다. 라다는 남편에게 그녀의 경험을 공유하고 필요한 이해와 공감을 부탁했다. 하지만 그 솔직함은 통제에 집착한다는 비판으로 돌아왔다. 라다에게 필요한 것과 완전히 동떨어진 결말이었다. 우리 사회에서 여성에게 통제광이라는 이름표를 붙이는 것은 그녀를 통제하고 입을 다물게 하는 방법이며 보통 실제로도 그런 효과를 거둔다.

나는 상대를 통제하려고 한다는 말을 듣는, 좀 더 정확하게는 통제광이라는 이름표가 붙은 여성 내담자들의 이야기를 거의 매일 듣는다. 통제적이라는 말은 여성의 여러 가지 행동에 대한 비판으로 사용된다. 하지만 특히 여성이 자신의 욕구를 진지하게 받아달라고 부탁하거나 자신을 위해 행동을 바꿔달라고 부탁할 때 따라오는 비판의 말이다.

우리 여자들이 욕구를 드러낼 때 돌아오는 비판 중에서도 통제적이라는 비판은 우리가 마음을 닫고 욕구를 다시 꼭꼭 숨기게 만드는 가장 강력한 효과를 발휘한다. 그 어떤 대가를 치르더라도 다른 사람들에 대한 통제를 멈추고 자신을 통제하기 시작해야 한다는 확신을 준다. 이 이름표는 왜 그렇게 효과적일까? 우리가 그것을 진심으로 믿기 때문이다. 우리는 자신의 욕구나 감정 때문에 다른 사람에게 행동을 바꿔달라고 요청하는 자신이 통제광이라고 믿는다. 많은 여성이 다른 사람들의 눈에 통제적으로 보이는 것을 너무나 수치스럽고 매력적이지 않은 일로 여기므로 그렇게 보일 수 있는 위협을 무릅쓰지 않으려고 한다.

통제광이라는 이름표는 여자들에게 자신을 부정적으로 느끼도록 하려고 사용되는 비판이다. 부끄럽고 공격적이고 고압적이고 여성스럽지 않으며 지배하려 들고 한마디로 역겨운 존재라는 느낌을 주려고 말이다. 그리고 그것은 효과적이다. 또한 우리를 감옥에 가두고 좌절하고 화가 나게 만든다. 이 이름표에 담긴 비판을 그대로 믿으면 자신을 표현할 수 있는 선택권이 없어져서 무력해진다. 말을 많이 말할수록 통제적이라는 비난도 거세진다. 그래서 우리는 이러지도 저러지도 못하는 처지가 된다. 아이러니하게도 통제적이라는 말은 여성을 통제하는 가장 효과적인 방법인 동시에 그녀가 도리어 자신을 통제하도록 만드는 방법이기도 하다.

"이번엔 또 뭘 요구하려고?"

여성을 비판할 때 사용되는 '요구가 많다'라는 표현은 까다롭다는 말과 비슷하지만 고유한 파괴력을 가지고 있다. 요구가 많다는 말에는 문자 그대로 너무 많은 것을 요구하고 마땅히 받아야 할 자격이 있는 것보다 더 많은 것을 필요로 한다는 뜻만 담겨 있는 것이 아니다. 우리가 모든 것을 받을 자격이 있다는 특권의식을 느낀다는 뜻이므로 호감도를 크게 떨어뜨린다.

최근 내 친구 애나는 남편에게 학교에 있는 아들에게 빠뜨린 준비물을 가져다 달라고 부탁했다. 그러자 남편은 "더 필요하신 것은 없으십니까, 여왕 폐하?"라고 빈정거리며 대답했다. 한마디로 남편의 말에 담긴 의미는 그녀가 주어진 자격 이상으로 과도한 요구를 한다는 것이었다.

순간 애나는 남들을 압박하는 사람이 된 기분이었다. 자신의 권리와 자격을 주제넘게 착각했다는 사실을 들키기라도 한 것만 같았다. "자신에게 당연히 그럴 권리가 있다는 듯 남들에게 이래라저래라 요구하는 뻔뻔하고 거만한 여자"가 된 기분이었다. 나는 터무니 없는 생각이라고 친구를 한참이나 설득해야만 했다. 남편이 가스라이팅으로 왜곡된 가짜 현실을 만들어낸 것이라고 말이다(잘못된 믿음이 그녀의 마음속에 깊이 자리 잡혀 있었다).

우리는 그녀가 남편에게 한 부탁이 얼마나 사소한지부터, 평소 그녀가 얼마나 자주 무슨 요구를 하는지, 여왕 폐하의 명령 같다는 부탁이 그녀가 아닌 두 사람의 아들을 위한 것인지까지 찬찬히 사실 관계를 함께 짚어보았다. 애나에게는 남편에게 가족이나 자신을 위해 무언가를 해달라고 부탁할 권리가 당연히 있었다.

"넌 애정 결핍이야!"

욕구는 남녀에 상관없이 누구나 있다(성별을 남녀로 특정하지 않는 사람도 마찬가지). 그러나 우리 사회는 특히 여성이 욕구를 갖는 자연스러운 경험을 매력적이지 않고 역기능적인 애정 결핍 상태로 전락시킨다.

어떤 사람의 욕구를 애정 결핍이라고 말한다면 욕구가 자격을 넘어서고 남에게 짐이 된다는 것을 의미한다. 욕구가 부담스러우면 그 사람 자체가 짐이 된다. 동시에 애정 결핍이라는 비판에는 우리가 약하고 다른 사람들에게 지나치게 의존하고 무력한 존재라는 뜻도 들어 있다. 결국 욕구가 병적인 것이 되어버린다. 그 과정에서 우리는 마음속 깊이 너무도 잘 아는 성스럽고 직관적인 지식인 욕구를 정상이 아닌 수치스러운 것으로 바꾼다. 가장 깊은 지혜와 자기 보호의 본능에서 비롯되고 실제로 자신을 위하는 목적인 욕구가 오히려 자신을 비난하고 손해를 끼치는 것으로 바뀌는 것이다.

마리아와 남자친구 샘은 사귄 지 6개월째였다. 그들은 주말마다 거의 만났지만 평일에 만나는 일은 드물었다. 하지만 마리아가 먼저 샘에게 연락해 약속을 잡지 않으면 주말에도 만나지 않고 그냥 넘어가는 때가 많았다. 그는 그녀의 연락을 기쁘게 받아주었고 데이트할 때마다 매우 다정한 모습을 보였다. 하지만 먼저 만나자고 말하는 일은 절대로 없었다.

당연히 마리아는 이런 관계가 불안했고 경계심이 심해질 수밖에 없었다. "만약 내가 연락을 끊으면 흔적도 없이 사라져버릴 관계가 아닐까 싶었죠." 그녀는 큰 혼란과 불안에도 별다른 조처를 하지 않고 어정쩡하게 관계를 이어갔다. 남자친구에게 매력적인 여자로 보이기 위해 불안한 속마음을 절대로 드러내지 않았다.

왜 샘에게 문제를 제기하지 않았느냐는 당연한 질문에 마리아는 애정 결핍처럼 보이고 싶지 않았다고 털어놓았다. 절대로 용납될 수 없는 상황이고 자신이 더 나은 대접을 받을 자격이 있다는 것을 머리로는 이해했지만 무서워서 이야기를 꺼낼 수 없었다. 혼란스러웠고 사랑받지 못하는 느낌이 들었고 남자친구에 대한 원망도 커졌지만 사실대로 말할 경우의 위험이 괴로움보다 훨씬 컸다. 그 위험이 구체적으로 무엇이냐고 묻자 마리아는 남자친구에게 두 사람의 관계에 대한 확신과 안심을 계속 요구하는 절박한 여자처럼 보일 수 있다는 것이라고 답했다(특히 그녀는 '절박한'이라는 말을 강조하면서 얼굴을 찡그렸다).

마리아는 남자친구에게 왜 먼저 만나자고 하지 않는지 물어보면 자신의 비밀이 드러날까 봐 두려웠다. 그녀의 감정적 욕구 말이다. 여자친구로서 현재 상황에 불만이 있고 그에게 편한 대로 맞춰주지 못한다는 것을 알면 샘이 분명 실망할 터였다. 두 사람의 관계를 깊이 파고들려고 할수록 "한심한 애정결핍"이라는 뜻이라고 그녀는 철석같이 믿었다.

"평소 저는 여성의 권리를 주장하고 여성이 주도적이 되어야 하고 강해져야 한다고 주장하는 사람이었어요. 그런 제가 남자친구에게 우리 관계에 아무런 문제가 없다는 확신이 필요하단 말을 듣고 싶어 한다는 것 자체가 말이 되나요? 창피한 일이죠." 마리아는 여자의 감정적 욕구가 남자에게 확신을 얻어야만 안심할 수 있는 한심한 여자라는 뜻이라고 믿었다. 진정한 페미니스트가 될 수 없고 혼자 힘으로 설 수 없는 여자.

이처럼 많은 여성이 강하고 능력 있는 여성으로 보이고 스스로도 그렇게 느끼려면 그 누구에게 그 무엇도 요구하면 안 된다고 생각한다.

"넌 도무지 만족을 몰라. 그래서 네가 불만이 많은 거야"

만족을 모른다는 말은 까다롭거나 요구가 많다는 말과 비슷하지만 여성의 욕구 표현을 비판하는 말로 사용될 때 고유한 의미가 있다.

생일날 눈을 뜬 로라는 베개 위에 놓인 예쁘게 포장된 선물을 발견했다. 그녀는 선물을 거실로 가지고 가서 파트너를 꼭 껴안았다. 포장지를 뜯어보니 무척 비싸 보이는 촛대 세트가 들어 있었다. 그녀는 파트너에게 진심으로 고마워하며 촛대가 정말 마음에 든다고 말했다.

하지만 다음날 사무실에서 로라는 그 촛대 세트 때문에 눈물을 흘리고 말았다. 파트너의 선물이 고맙기는 했지만 특별히 자신을 위해 고른 선물이라는 생각이 들지 않아서였다. "저는 관심사도 취미도 많지만 양초에는 전혀 관심이 없어요. 하누카(유대교의 축제─옮긴이)에도 초를 켜지 않을 정도인걸요. 그러니 제 여자친구가 그냥 온라인에서 '여자친구 선물 추천'이라고 검색해서 가장 처음 나오는 걸 산 것 같다는 생각이 들었죠. 저라는 사람을 전혀 생각하지 않고요. 그냥 본인이 기분 좋은 선물을 한 거란 생각이 들었어요."

여자친구의 배려심 없는 태도는 로라를 외롭고 이해받지 못하는 존재처럼 느끼게 했다. 하지만 당연히 로라는 파트너에게 솔직한 감정을 털어놓을 생각이 전혀 없었다. "그렇게는 못 하죠." 로라가 웃으며 말했다. "그런 감정을 솔직하게 말하는 건 '절대로 만족을 모르는 여자'라고 광고하는 거나 마찬가지니까요." 로라의 생각과 마찬가지로 파트너의 선물이 배려심 없고 전혀 고맙게 느껴지지 않는다는 것을 조금이라도 티낸다면 파트너가 곧바로 로라를 비난할 것이다. 그녀가 문제이고 그녀의 반응이 잘못되었다고.

우리는 만족을 모르는 불만 가득한 여자로 낙인찍히는 것을 두려워한다. 그래서 만족하지 못하면 실망하는 자신이 문제라고 생각한다. 솔직한 감정을 억누르고 타인을 기쁘게 하려고 만족한 것처럼 행동한다.

"왜 그렇게 화가 많아?"

욕구를 표현하는 여자들에게 따라오는 이름표의 목록은 계속된다. 사람들의 반응을 두려워하지 않고 자신에게 필요한 것을 솔직하게 말하는 여성, 그러니까 남에게 호감을 받는 것이 가장 중요한 관심사가 아닌 여성들은 까다롭고 요구가 많고 절대로 만족을 모른다는 말만 듣는 것이 아니다. 화가 많다는 말도 듣는다. 자매품으로 고약하고 앙심 가득하다는 말까지 따라온다. 우리 사회는 자신의 욕구를 당당하게 드러내는 여성을 조롱해왔다. 자신의 생각을 강력하게 말하는 여성도 사회에서 경멸과 조롱의 대상이다. 요즘에는 공손하게 행동하는지에 상관없이 그런 여자는 무조건 캐런(Karen, 요즘 자신이 특별 대우를 받아야 한다고 생각하는 여성을 흔히 지칭하는 말—옮긴이)이라고 불린다. 그녀는 거칠고 날카롭고 신경질적이라는 말을 듣게 되며 나쁜 년이라는 비하가 담긴 이름표가 항상 그녀를 기다린다. 솔직히 남녀를 막론하고 모두가 그녀를 미워하는 것을 즐거워한다.

"왜 그렇게 공격적이야?"

캐롤라인은 여자들이 집안일과 돌봄의 의무를 맡는 전통적인 가정에서 자랐다. 그런데 단 한 명 노라 숙모는 예외였다. 매력적이고 세련되고 똑똑한 노라 숙모는 성공적인 커리어를 일구었고 대화에서도 자기 생각을 확실하게 말하는 강인한 여성이었다. 그녀는 가족들이 식사 준비를 할 때도 거들며

제 몫을 했다. 단순히 거드는 정도가 아니었다. 가족들은 그녀에 대해 좋게 말할 때는 '에너자이저' 또는 '대단한 카리스마' 같은 표현을 사용했다. 하지만 뒤에서 나쁘게 말할 때는 '불도저' 또는 '고집불통'이라고 흉봤다.

캐롤라인의 부모는 가족들이 말하는 '노라의 대단한 카리스마'에 불만이 많았다. "자기가 뭐라고 되는 줄 안다"라고 깎아내리곤 했다. 한마디로 노라 숙모가 남자처럼 행동한다고 흉보았다. 감히 자기에게 필요한 것을 당당하게 말하는 데다 그것을 얻을 수 있으리라고 생각하다니.

캐롤라인은 부모가 아무리 노라 숙모에 대해 부정적으로 말해도 숙모가 좋았고 존경스러웠다. 숙모는 흥미로운 사람이었고 캐롤라인에게 관심을 보여주어서 같이 있으면 즐거웠다. 노라 숙모는 자신의 생각과 감정을 표현하는 것을 두려워하지 않는 여자였고 캐롤라인의 눈에는 그런 숙모가 대단히 멋져 보였다. 하지만 다른 가족들은 그렇게 생각하지 않는 것이 분명했다. 캐롤라인은 숙모에 대한 생각을 감출 수밖에 없었다.

부모의 비판과 조롱 때문인지 시간이 흐르면서 숙모에 대한 캐롤라인의 동경심도 시들해졌다. 그녀는 노라 숙모 같은 여자가 되어서는 안 된다고 믿게 되었다. 저런 여자는 어떤 남자도 좋아하지 않고 다른 여자들도 믿거나 친구가 되고 싶어

하지 않을 것이라고.

결국은 캐롤라인도 돌아섰다. 숙모에게서 마음이 멀어졌을 것뿐만 아니라 그녀는 자신의 생각과 관심, 열정, 숙모와 비슷했던 성격적 특징까지도 전부 외면하게 되었다. 대신 그녀는 실제 모습보다 더 조용하고 다정하고 평범한 여자로 보이는 법을 배웠다. 자신의 욕구와 요구사항을 숨기기 위해서, 있는 그대로의 모습을 드러내는 까다로운 여자가 되지 않기 위해서였다. 주변 환경은 캐롤라인에게 여자가 목소리를 높이고 의견을 내고 테이블에서 제대로 한자리를 차지하는 것은 무례하고 뻔뻔한 행동이며 갈등과 적대감을 일으킨다고 가르쳤다. 사람들은 그런 여자를 불편하게 여기고 거부한다고. 그녀가 받은 메시지는 분명했다. 자기 주관이 뚜렷한 강하고 당당한 여성은 매력적이지 않고 여성스럽지 않으며 호감을 주지 못한다.

"존재감이 너무 커!"

내가 바네사를 알게 된 것은 여러 해 전이었다. 그녀는 그동안 존재감이 너무 크다는 말을 들을까 봐 두려워하면서 살아왔다. 그녀는 캐롤라인과 마찬가지로 존재감이 너무 커지지 않게 하려고 애썼다. 너무 시끄럽지도 너무 고집이 세지도 않고 너무 눈에 띄지도 않으려고 했다. 물리적으로나 감정적으로나 지적으로나 그 어떤 식으로든 자신의 존재가 너무 많은 공간을 차지하지 않도록.

바네사는 그녀의 아버지가 "자신의 존재로부터 다른 사람들을 지키려고 하지 않는" 여자들을 '관심 종자'라고 불렀던 것을 기억한다. 여자가 전혀 미안해하거나 부끄러워하는 기색도 없이 자신의 존재를 완전히 드러내면 바네사의 아버지는 개인적으로 불쾌함을 느꼈고 심지어는 자기 공간을 침범당한 기분마저 느꼈다. 그는 그런 여자는 날 좀 봐달라고 아예 방송하고 소리 지르는 것이나 똑같다고 주장했다. 관심에 대한 탐욕이 지나치고 행동이 부적절하고 자신을 통제하지 못한다고 비난했다. 그래서 바네사는 여자로서 다른 사람들에게 받아들여지려면 자신을 작게 만들어야 한다고 생각하게 되었다.

어쩌면 당연한 일이겠지만 바네사의 어머니는 나긋나긋한 말투와 "야위어 보일 정도로" 날씬한 몸매에 언제나 상냥했고 목소리를 높이는 법이 없었다. 바네사의 말을 빌리자면 어머니는 "자기 의견이 없고 마치 공기처럼 존재감이 전혀 느껴지지 않는 사람"이었다. 아버지와 살면서 터득한 생존 메커니즘이거나 아니면 애초에 그런 여자라서 아버지가 선택했을 것이다.

아버지는 바네사가 제대로 알아듣지 못했을 경우를 대비

라도 하듯 존재감이 너무 과한 여자는 타인에게 감정의 쓰레기를 버리는 죄를 저지른다고 강조하곤 했다. 너무 직접적인 여자들은 혐오스럽다고. 그녀의 아버지에 따르면 남자들은 그런 여자들에게 산 채로 잡아 먹힐까 봐 걱정한다. 결과적으로 너무 존재감이 과한 여자로 보일지도 모른다는 두려움은 바네사에게 끊임없는 걱정과 수치심을 일으켰다. 그녀는 존재감을 억누르려는 부단한 노력에도 불구하고 존재감이 너무 강하게 새어 나오는 것 같아서 '역겨움'을 느꼈다. 자신을 포함해 그 누구도 보지 못하도록 자신의 욕구를 꽁꽁 봉인한 채 마음속 금고에 넣었고 평생 감정을 억누르고 철저하게 관리하면서 살았다.

존재감이 과하다는 이름표에 따라오는 굴욕과 당혹감은 우리가 엄격하게 자신을 억압하고 빈틈없이 감시하게 만든다. 있는 그대로의 모습보다 작아지고 조용해지는 것이 당연한 목표가 된다. 다른 사람들에게 편안함을 주고 너무 많은 공간을 차지하거나 너무 많은 관심을 요구하지 않는 사람이 되려고 노력한다. 타인이 작아지는 기분을 느끼거나 우리의 너무 큰 존재감이 그들을 집어삼키면 안 되니까. 그렇게 하면 비난받을 일도 없고 계속 호감을 얻을 수 있다.

"넌 뭐가 그렇게 잘났어?"

클라라는 고등학교 때 성적이 매우 우수한 모범생이었다. 그녀는 수업 시간에 선생님들이 하는 질문의 답을 전부 알았다. 학교 운동부 선수였고 트럼펫 실력도 뛰어났다. 클라라는 다양한 재능과 기술을 갖추었지만 단순히 타고난 것만이 아니라 누구보다 열심히 노력하는 학생이었다.

뛰어난 재능과 능력이 행운처럼 보일 수도 있지만 다재다능함이 클라라의 삶을 편하게 만들어주지는 않았다. 그녀는 고등학교 시절에 대해 "힘들고 혼란스럽고 무서웠다"라고 말한다. 많은 여성과 마찬가지로 클라라에게도 자신의 힘, 가능성과 큰 갈등을 빚은 시기였다.

몇 년이 지난 지금까지도 클라라는 그때 답을 알고 있고 기여하고 싶은데도 손을 들 수 없어서 얼마나 고통스러웠는지 이야기한다. 매일 그녀는 선생님에게 몇 번이나 이름이 불렸는지 일일이 세었고 그 숫자가 너무 올라가지 않도록 조심했다. 자기의 능력만큼 빛나지 않으려고 했다. 수업 시간에 완벽하게 이해한 것도 모르는 척했던 황당한 경험까지 있었다. 클라라는 자기밖에 모르는 거만한 사람으로 보일지도 모른다는 걱정에서 결코 자유로울 수 없었다.

참여하고 싶은 욕망보다 너무 똑똑하고 강하고 재능 있는 여학생으로 보이는 것에 대한 두려움이 훨씬 더 컸다. 그런 자질이 오히려 난관이자 골칫거리가 되는 경험을 많은 여자들이 한다. 힘 있고 똑똑한 여성에게는 자만심이 강하고 오만하고 잘난 척이 심하다는 평가가 내려진다. 강하고 똑똑한 여자는 분명히 스스로도 강하고 똑똑하다고 생각할 것이며 그것은 절대로 용납할 수 없다는 인식이 퍼져 있다.

우리 여성들이 받는 메시지는 혼란스럽다. 똑똑하고 자신감 있고 강하고 주목받되 너무 똑똑하고 너무 자신감 넘치고 너무 강하고 너무 주목받지는 말라니. 절대로 다른 사람들보다 더 똑똑하거나 더 자신감 있거나 더 주목받으면 안 된다. 안타깝게도 정확한 경계가 어디인지, 정확히 어느 정도가 너무 과한지 확실하지 않다. 우리는 자신의 능력과 재능이 다른 사람들에게 어떻게 인식될지 걱정하느라 많은 에너지를 소비한다. 자신의 강점과 노력의 결과 때문에 다른 누군가가 부족함이나 위협을 느끼지 않도록 할 책임이 있다고 생각한다. 어느 정도의 재능은 허용되지만 다른 사람들에게 재능이 부족하거나 없다고 느끼게 하는 정도면 안 된다. 그러면 우리의 능력은 문제가 되고 다른 누군가에게 피해를 끼친다. 결과적으로 우리는 다른 사람들이 나 때문에 느끼는 기분에 대해 책임을 져야 한다.

우리는 다른 사람들이 불편함을 느끼지 않아야만 비로소 자신의 능력을 완전히 소유하거나 구현할 수 있고 편안하게 받아들일 수 있다. 결국 도저히 불가능한 균형을 잡지 않으면 안 된다. 있는 그대로의 나를 받아들이고 노력을 축하하고 능력에 자부심을 느끼는 동시에 나의 힘이 다른 사람들에게 부정적인 판단과 투영을 일으키지 않도록 해야만 한다.

"넌 왜 그렇게 손이 많이 가?"

여성과 욕구에 대한 대화에서 사람들이 가장 좋아하는 이름표가 빠지면 안 된다. 욕구가 있는 여성은 손이 많이 간다는 것 말이다. 드레싱을 섞지 말고 따로 달라고 주문하는 등 가장 쉬운 선택이 아닌 다른 것을 원하는 여자들에게 흔히 따라오는 표현이다. 나 역시 가끔 메뉴판에 적힌 것과 살짝 다르게 주문한다. 벌써 수십 년째 여자들이 원하지 않거나 요구하지 않은 것을 거절하는 행동에 대해 다루고 있지만 지금도 이것은 위험하고 간단하지 않은 문제이다. 물론 나는 특별한 요청을 했을 때 비판이나 비웃음이 두려워서 수치심을 느끼고 침묵하는 일은 없지만 자신의 욕구를 챙기는 것은 언제나 큰 도전과 스트레스가 따르는 선택이다. 물론 내가 욕구를 버린다면 자신을 포함해 모두가 편안해지기는 할 테지만 말이다.

우리는 무언가를 원하는 것에 대해 사과하는 온갖 창의적이고 매력적인 방법을 터득한다. 욕구를 충족하는 동시에 타인의 호감을 얻으려고 일부러 자신을 놀리고 온갖 표현을 갖다 붙인다. 손이 많이 간다, 신경질적이다, 고지식하다, 특이하다, 딱딱하다, 미쳤다 등등. 그동안 많은 변화가 일어나긴 했지만 여전히 우리 여자들은 우리가 먹고 마시고 싶은 것을 요구할 때 수치심과 불안, 좌절, 두려움을 느낀다.

얼마 전에 친구와 아침을 먹으러 나갔다. 친구는 토스트를 주문하면서 "버터를 바르지 말라"고 부탁했다. 그녀가 매우 분명하고 공손하게 말하는 것을 나도 옆에서 똑똑히 들었다. 하지만 웨이터는 친구가 그렇게 말할 때 주문서에 아무런 메모도 하지 않았다. 순간 나는 웨이터에게 물어볼까 생각했지만 내가 여성들에게 늘 조언하는 대로 모든 사람을 다 챙기려고 하지 말라는 조언을 실천하느라 그냥 가만히 있었다. 음식이 나왔을 때 역시나 친구의 토스트에는 버터가 발라져 있었다. 그리 놀라운 일도 아니었다. 친구는 토스트를 보고 아무 말도 하지 않았다.

나는 친구가 토스트에 눈길을 주지 않는 것을 잠시 지켜본 후 왜 토스트를 돌려보내지 않았는지 물었다. 그녀가 아무것도 바르지 않은 토스트를 원한다는 것이 분명했다. 돌려보내지 않은 이유를 알 것 같았지만 그래도 친구에게 직접 듣고 싶었다. "솔직히 말하면 괜히 기운 빼기 싫어서… 손이 너무 많이 가고 도저히 만족을 모르는 그런 미친 여자로 보이고 싶지 않거든. 히스테리 심한 여자처럼 보일까 봐. 세상의 모든 여자를 위해서라도 싸워야 한다는 건 알지만 오늘은 도통 그럴 기운이 없네." 강하고 똑똑하고 능력 있고 친절한 친구의 이 말은 내가 수없이 많은 여성에게 수없이 많이 듣는 말이었고 나를 매우 슬프게 했다. 세상 모든 여자에게 슬픈 일이었다. 친구의 말은 내게 이 책을 반드시 끝까지 써야 한다는 확신도 주었다.

'메뉴판과 다르게 주문한다'라는 것은 손이 많이 가는 사람을 조롱하는 가장 명백한 표현이다. 실제로 여성이 그런 비판의 희생양이 될 수 있는 상황은 수없이 많다. 외모에 신경을 많이 쓰는 여자도 평범하지 않은 것을 원하는 여자와 마찬가지로 손이 많이 간다는 말을 듣는다. 기본적으로 자신이 원하는 것과 필요한 것을 요구하고 자신의 욕구가 중요하다고 믿는 여자들이 이 이름표의 표적이 된다.

다시 말하자면 손이 많이 간다는 말은 우리가 (자기만족을 위해) 너무 많은 수고를 요구하고 너무 많은 에너지와 노력이 필요하며 마땅히 받아야 할 자격이 있는 것보다 더 많은 것을 요구한다는 뜻이다. 한마디로 골칫거리라는 말이다. 까다롭고 요구가 많고 고압적이고 통제하려 들고 신경질적이고 비위 맞추기가 어렵고 지나치게 꼼꼼하고 불안정하며 불안하고 강박적이고 미쳤다는 말이다. 손이 많이 간다는 말은 온갖 부정적인 판단이 하나로 합쳐진 것과 같다. 우리 여자들은 아무리 깨어나고 자신감이 커지고 의식이 높아져도 다른 사람의 수고가 필요한 일을 요청할 때마다 이런 비난을 받아야 한다. "토스트에 버터 바르지 말아주세요" 같은 아주 간단한 요청이라도 말이다.

손이 많이 가는 여성이 골칫거리이고 문제가 있다는 세상의 인식을 거부할 때, 용기를 내어 자신의 편을 들고 사람들에게 욕구를 충족해 줄 책임을 물을 때, 예의 바른 태도로 자신의 욕구가 중요한 것처럼 행동할 때, 그녀를 향한 비난은 빠르게 거세진다. 단순히 신경질적이고 통제를 원하고 미친 여자가 아니라 비열하고 공격적이고 호전적이고 적대적인 사람이 된다. 모두가 그녀를 망신주고 비난하려고 한다.

욕구를 감시하다

여자가 욕구를 표현하면 조롱당하고 수치심을 느끼고 비난받고 무시와 모욕을 당하고 병적이라는 말을 들을 위험이 따른다. 부정적인 꼬리표는 그 밖에도 끝이 없다. 결국 여자들은 그런 이름표를 달면서까지 자신의 욕구를 드러낼 가치가 없다고 생각한다. 그런 말을 듣고 싶은 사람이 어디 있겠는가. 그래서 우리는 침묵을 지키고 자신의 욕구를 무시하거나 해결되고 있는 척 연기하는 법을 배운다. 동시에 우리는 아무런 욕구가 없는 것처럼 행동하고 정말로 그렇게 믿는 것에도 능숙해진다. 이 모든 것은 위험을 피하려는 노력이다. 결국 이런 방어기제는 우리의 마음을 지치게 하고 진실하지 못하고 외롭게 만든다. 최악인 것은 스스로 자신의 욕구와 대립하고 전쟁을 벌이게 된다는 점이다.

우리는 지금까지 살펴본 온갖 부정적인 모습으로 보이는 것을 두려워한다. 그뿐만 아니라 실제로 자신이 그런 부정적인 특징을 갖추었고 사회적 메시지가 시사하는 대로 비호감 여성이 되는 것도 두려워한다. 우리는 기계적인 시선으로 자신을 바라보고 비판을 내면화하고 자아상에 흡수한다. 결과적으로 내가 충분하지 않은 존재라는 생각과 죄책감을 학습하는 것이다. 자신을 사회가 비난하는 호감 가지 않는 여자로 재단해 버린다. 결과적으로 사회가 보내는 메시지가 자신과의 관계에서 그대로 적용되어 자신의 욕구를 비판하고 무시하게 된다.

우리가 자신의 욕구에 어떤 식으로 접근하는지에 영향을 주는 것은 사회가 전달하는 메시지로 만들어진 태도뿐만이 아니다. 어릴 적 보호자가 우리의 욕구에 어떻게 반응했는지도 큰 연관이 있다. 다음 장에서는 한 걸음 물러나 가족의 관점을 통하여 욕구와의 관계를 살펴볼 것이다. 좀 더 구체적으로 말하자면, 당신이 현재 자신의 욕구에 반응하고 관계를 맺는 방식에 대하여 어린 시절의 보호자가 어떤 토대를 제공했는지 살펴본다.

3장 가족

: 욕구를 배우다
(필요로 하지 않는 법 배우기)

이 책은 여성이 자신의 욕구를 충족하고 돌보는 방법을 이야기한다. 하지만 그 방법에 대해 깊이 있는 대화를 나누기 전에 우리와 욕구의 관계를 먼저 이해해야 한다. 우리가 욕구에 대해 어떻게 생각하고 느끼는지, 왜 지금과 같은 특정한 방식으로 반응하는지, 그리고 왜 자신의 경험을 그렇게 불신하고 판단하게 되었는지. 궁극적으로 어쩌다가 우리가 자신의 진실에 그렇게 불친절하게 되었는지 말이다.

지금까지는 여자가 욕구를 갖지 못하게 만드는 사회적인 조건화와 욕구 표현에 따르는 정서적 위험에 대해 살펴보았다. 하지만 욕구와의 복잡하고도 갈등 많은 관계를 완전히 파헤치려면 애초에 그것이 어디서 시작되었는지 알아야 한다.

실제로 어릴 적에 양육자가 당신의 정서적 욕구에 어떤 태도로 반응했는지는 당신이 어른이 되어 자신의 욕구에 어떻게 반응하는지에 결정적인 영향을 끼친다. 부모가 당신의 최초 모델이었다. 우리는 자신의 욕구가 다른 사람들에게 어떤 영향을 주고 그들이 우리에게 어떻게 반응하는지 부모를 통해 배웠다. 한마디로 부모는 우리의 욕구가 중요한 인간관계와 기본적인 심리적 안정에 어떤 식으로 영향을 미치는지에 대한 기준점이다. 동시에 부모는 우리의 욕구가 충족될 가능성에 대한 믿음과 기대도 주었다.

어린 시절에 가장 중요한 임무와 목표는 신체적으로나 정서적으로나 온전하게 그 시기를 잘 버티는 것이다. 가족의 인식과 공감의 수준에 따라 그 의미가 크게 달라질 수 있다. 우리는 이 목표를 달성하기 위하여 욕구를 드러내거나 애초에 욕구를 가져도 안전한 환경인지를 재빠르게 파악한다. 안전을 확보하고 사랑받지 못하는 일이 없게 하려고, 세상에서 제대로 기능할 수 있을 만큼 충분히 좋은 자기 이미지를 유지하려고 우리는 내적 경험을 관리하는 법을 배운다. 한마디로 가족은 우리의 욕구가 중요한지 아닌지를 가르쳐준다. 나아가 우리가 중요한 존재인지 아닌지도 알려준다. 현재 자신의 욕구에 대해 어떤 식으로 대처하는지는 어린 시절의 영향이 매우 크다.

만약 부모가 정서적인 여유가 있어서 친절하게 말을 들어 주고 보살펴 주고 정서적 욕구를 충분히 충족시켜 주었다면 현재 욕구에 대한 우리의 태도도 어느 정도 공감적이고 지지적인 특징을 띨 것이다. 어릴 적 부모가 당신의 정서적 욕구를 충분히 이해해 주었다면 당신은 욕구 자체를 그렇게 위협적이고 문제 있는 것으로 인식하지 않을 것이다. 반면 어렸을 때 보호자가 당신의 욕구에 분노와 짜증, 무시, 거부로 반응했다면, 이러한 어린 시절 경험으로 욕구가 나쁘고 의지하는 사람들에게 부정적인 감정을 유발하고 안전과 사랑의 상실로 이어진다는 사실을 배웠다면, 당신은 욕구를 의심하고 비판하게 되었을 것이다.

이 장에서는 여러 가지 가정환경을 제시할 것이다. 그중에는 실제로 당신이 자라온 것과 비슷한 환경도 있을 것이다. 하지만 스스로 깊이 들어가 보도록 여기에서는 아주 가볍게 다룰 예정이다. 앞으로 제시되는 시나리오들을 한꺼번에 읽지 말고 조금씩 천천히 읽기를 바란다. 각각의 유형이 당신의 내면에 어떤 감정을 불러일으키는지 주목해 보자. 나와 나의 어릴 적 가정환경과 가장 닮은 시나리오는 무엇인가?

욕구의 충족과 관련해 다른 사람들과 관계를 맺는 방식에 가정환경이 어떤 영향을 미쳤는지 생각해 본다. 보호자가 당신의 욕구에 반응한 방식이 현재 당신이 자신의 욕구에 반응하는 방식에 어떤 영향을 주었는지도 생각한다. (친절하게) 스스로에게 이렇게 물어본다. 어린 시절의 가정과 두려움이 지금도 여전히 나를 움직이고 있는가? 나는 아직도 어린 시절의 위험으로부터 자신을 보호하려고 애쓰는가?

앞으로 나아가기 전에 어린 시절에 헤쳐나가고 견뎌야 했던 어려움을 받아들여야 한다. 필요한 자원과 알아차림 없이 자신을 돌보아야 했던 어린 시절에 고안해 낸 창의적이고 기발한 방법이 있을 수도 있다.

방치한 부모

어릴 때 정서적 욕구가 무시되는 환경에서 자랐거나 부모가 공감하는 모습을 전혀 보여주지 않았다면 그와 비슷한 방법으로 자신의 감정과 관계를 맺는 법을 배운다. 감정을 차단하고 정서적 욕구와 단절된다. 무감각해지는 것이다. 경험에 귀를 기울이고 관심을 쏟는 것을 그만둔다. 내 곁에 아무도 없고 나를 위해 무언가를 해줄 사람은 아무도 없다는 가정이 생긴다.

패티가 기억하는 어린 시절의 집은 감정적으로나 물리적으로나 차가운 곳이었다. 무척 넓은 집이었지만 그 공간을 채운 것은 공허함과 서로에게 관심 없는 사람들이었다. 무남독

녀 외동딸이었던 패티는 예민하고 공감 능력이 뛰어난 아이였다. "아무래도 황새가 나를 엉뚱한 집에 잘못 떨어뜨린 것 같았어요. 나는 따뜻한 열대 우림에 속하는 아이인데 차가운 툰드라 같은 집에서 태어났으니 말이죠." 먹을 음식이 제공되고 옷도 깨끗하고 다림질이 잘 되어 있었다. 패티의 아버지는 현실적인 측면에서는 좋은 가장이었지만 유대감이나 정서적인 지지를 기대할 수 있는 사람은 아니었다. 응석을 받아주거나 공감해 주는 일은 꿈도 꿀 수 없었다. 패티는 쓸쓸하게 말한다. "애정이라고는 하나도 없는 가족이었어요."

아주 가끔 친구의 생일 파티에 초대받지 못하거나 인기 있는 여자들에게 놀림받는다는 사실을 털어놓으면 어머니의 반응은 이러했다. "고통스러울 정도로 어색했어요. 무슨 말을 해야 할지 전혀 모르는 것처럼. 어떻게 위로해 주어야 할지는 더더욱 모르겠다는 것처럼요." 패티의 어머니는 그저 차가운 표정으로 등을 두드려주거나 곧 다른 친구가 생길 것이라고 말했다. 하지만 어머니의 그 어떤 반응도 패티에게 진정한 위로나 안도감을 가져다주지 못했다. 결과적으로 그녀는 혼자라고 느꼈다. 그냥 부모와 한집에서 사는 하숙생처럼 느껴졌다.

이런 환경에서는 욕구 충족과 관련해서는 물론이고 그 어떤 일에서도 세상에 나 혼자라는 믿음이 생길 수밖에 없을 것이다. 자신을 돌봐줄 사람은 세상에 나뿐이라고 확신하게 된다. 다른 사람들이 나를 위하는 것처럼 보여도 결국 그 누구도 나를 도와주지 않을 것이라고 믿게 된다.

그래서 당신은 감정을 감추고 약한 사람이라는 생각이 들거나 외로움이 엿보이는 일을 절대로 다른 사람들에게 드러내지 않는다. 당신의 내면은 외로운 섬이 된다. 안타깝게도 어린 시절의 집을 떠난 후에도 그때의 경험을 되풀이하고 결핍감을 계속 느끼며 살아간다.

부담스러워한 부모

당신의 욕구가 보호자를 압도하고 흔든다면, 만약 보호자가 당신의 욕구를 마주했을 때 차분한 태도를 유지하지 못한다면 다른 방어기제가 탄생한다. 자신의 정서적 욕구를 기분 나쁘고 위험하고 파괴적인 것으로 인식하는 여성으로 성장하게 된다.

스테파니의 어머니는 불안이 심했고 정서적으로 매우 약했다. "제가 도움이 필요하거나 속상한 일을 드러낼 때마다 어머니는 제 감정에 압도되어 말 그대로 울면서 쓰러졌어요." 어머니는 딸이 자신의 경험을 관리하는 것을 전혀 도와주지 못했다. 스테파니는 아이에게 필요한 위안과 지도를 받지 못했을 뿐만 아니라 어머니의 정서적 고통 또한 그녀에게 공포와 불안으로 다가와서 또 다른 스트레스 요인이 되었다. 그녀가 관리해야 할 문제가 늘어난 셈이었다.

동시에 스테파니는 자신의 욕구에 대해 죄책감을 느꼈다. "어머니를 울리고 싶지 않았고 제 문제로 어머니에게 부담을 주고 싶지 않았어요." 그녀가 욕구를 겉으로 표현하면 정말로 상황이 더 나빠지기만 했다. 그녀 자신뿐만 아니라 모든 주변 사람의 상황이 나빠지는 것 같았다.

게다가 스테파니가 스스로 해결하거나 바로잡을 수 없는 일이 있어서 아버지에게 다가가면 아버지의 첫 반응은 "엄마한테는 말하지 마라"였다. "아버지는 어머니가 제 문제를 들은 이후에 보일 반응 때문에 귀찮아지는 걸 원치 않았던 거예요." 결국 스테파니는 문제와 정서적 욕구가 매우 위험한 것이라고 인식하게 되었다. 스테파니의 욕구는 어머니뿐만 아니라 아버지의 평온함도 방해했다. 그녀의 욕구는 그녀가 안전함을 느끼기 위해 가장 필요한 두 사람에게 해를 끼쳤다. 한마디로 그녀의 욕구는 갈등을 일으켰다.

스테파니와 비슷한 환경에서 자랐다면 연약함을 드러냈다가 정서적 혼란을 느꼈을 것이다. 자신이 사랑하고 필요로 하는 사람들에게 고통을 주었다는 사실에 대한 죄책감과 수치심이 이어졌을 것이다. 이러한 경험을 바탕으로 자신의 욕구를 꽁꽁 묶어두는 법을 배웠고 가볍거나 간단하거나 스스로 해결책을 찾아냈을 때만 겉으로 드러낼 것이다. 욕구가 더이상 필요하지 않게 되어서 안전한 상태로 표현할 수 있으니까. 분명히 뭔가가 필요했지만 혼자 처리하는 법을 터득한 것이다.

어린 시절에 이런 경험을 한 사람은 자신의 욕구가 홍수처럼 불어나 가장 의지하고 사랑하는 사람들을 익사시킬 것이라는 사실을 배운다. 어느 나이에나 혼란스러운 메시지가 아닐수 없다. 자신이 약한 상태일 때 그 누구도 위안을 주거나 든든한 발판을 제공해 줄 수 없다는 사실을 깨우친다. 아무런 안내와 도움을 받을 수 없다는 것을 빠르게 터득한다. 그래서 안타깝게도 자신의 욕구는 압도적이고 감당할 수 없으며 주변 사람들을 파괴할 것이라는 인식이 생긴다. 그러다 자신의 욕구를 처리할 수 있는 사람은 자신뿐이라는 결론에 도달하게 된다.

이런 감정의 생태계에서 자랐다면 타인의 비위를 맞추고 모두를 만족시키는 기술이 탁월해져 있을 것이다. 다른 사람들이 괜찮지 않으면 큰일이므로 절대로 그런 일이 일어나지 않도록 애쓴다.

매우 효율적이고 독립적인 사람이 되었을지도 모른다. 항상 평정을 유지한 상태로 자신의 욕구를 돌보거나 아무런 욕구가 없는 사람 말이다. 어릴 적 부모에게서 느낀 고통을 다시 느끼지 않으려고 사람들을 만족시키고 지략을 갖추는 것이 당신의 대처 전략이 되었을 것이다. 다른 사람을 돌보는 것이 그들에게 호감과 수용을 얻어내는 당신의 방법이 되었다. 그것이 당신의 자존감과 정체성의 토대가 된 것이다.

그 방법은 어느 정도 효과적이다. 당신을 안전하게 지켜주고 심지어 강하게 느끼게 해줄 수도 있다. 하지만 안타깝게도 타인을 만족시키는 전략은 자신에게는 전혀 만족스러울 수 없다. 게다가 다른 보상 행동과 마찬가지로 욕구가 제대로 충족되지 않는 어린 시절의 패턴을 되풀이할 뿐이다.

"또 뭐야?!"

안타까울 정도로 흔한 가정환경을 또 하나 생각해 보자. 탓하는 가정이다. 어릴 적 당신의 욕구가 지속적으로 부모의 짜증과 분노를 유발했는가? 애정의 철회까지도? 당신의 욕구가 부모에게 짜증스럽고 성가신 일이었는가? 더 나쁘게는 당신을 짜증스럽고 성가신 존재 또는 표적으로 만들었는가?

카라가 문제가 생겨서 도움이나 위안이 필요할 때마다 아버지는 화를 내며 "이번엔 또 뭐야?"라고 소리쳤다. 그녀의 욕구는 부모의 분노를 불러일으켰다. 카라는 속상해 하면 혼이 났고 벌을 받을 때도 있었다. 부모는 카라의 욕구를 골칫거리로 인식했을 뿐만 아니라 그녀가 일부러 문제를 만드는 것으로 받아들였다. "저의 욕구가 부모의 세상을 어지럽히니 제 잘못이었죠." 어린 그녀는 비교할 수 있는 다른 기준과 경험이 없었으므로 (보통 아이들이 그러하듯) 부모의 반응을 당연하게 받아들였고 원래 사랑이 그런 것이라고 여겼다. 그런 상황이라면 누구나 그랬을 테지만 그래서 카라는 자신의 행동을 고쳤다. 가정에서 정상이 아닌 것이 정상일 때 아이들은 정상이 아니게 되는 법을 깨우친다.

이런 환경에서 자란 사람은 자신의 욕구를 죄책감과 두려움, 수치심과 연관시킬 가능성이 크다. 무언가를 필요로 하는 자신이 문제라고 생각한다. 그 욕구가 사랑하는 사람들을 화나게 만드니까. 간단히 말해서 욕구가 있으면 당연히 거절당하리라 생각한다. 따라서 관계에서 안정감을 느끼고 사랑받고자 하는 욕구를 충족시키기 위해 욕구를 묻어버리는 법을 배운다. 하지만 그러면 결국 마음이 닫히고 채워지지 않는다. 자신의 욕구를 거부하는 것은 언제까지나 계속될 수 없는 일이다. 궁극적으로 우리는 다른 사람이 나를 보거나 알아주지 않거나 욕구가 환영받지 못하면 사랑을 느낄 수 없기 때문이다.

시간 없는 부모

자신의 욕구가 다른 사람들을 짜증 나게 한다는 믿음은 화 많은 가정에서만 생겨나지 않는다. 부모가 항상 바쁜 가정에서 자란 아이도 자신의 욕구와 두렵고 비우호적인 관계를 형성하게 된다.

니나의 어린 시절에 대한 기억은 집안이 항상 혼돈 상태였고 자신이 방해가 되었다는 것뿐이다. 니나에 따르면 그녀의 부모는 직장을 다니는 것도 아니고 스트레스도 없는 어린아이의 감정이나 욕구 따위에 신경 쓸 여유가 없는 사람들이었다. 생계를 유지하고 급한 불을 끄느라 매우 바쁘고 스트레스도 많은 부모에게 어린 그녀가 많은 것을 요구하는 것은 말도 안 되는 일이었고 철없는 욕심이었다. 그렇지 않아도 신경 쓸 일이 많은 부모에게 골칫거리만 하나 더 보태줄 뿐이었다. 니나의 부모는 딸의 정서적 욕구를 신경 쓸 여력이 없었다. 그래서 니나는 필요한 게 있어도 바쁜 부모의 시간과 관심을 받을 수 있으리라고 생각조차 하지 못했다.

어깨에 짊어진 짐이 너무 무거운 듯 항상 바쁘고 지친 부모를 볼 때마다 니나는 정확한 이유도 모른 채 죄의식을 느꼈다. "그냥 제 존재 자체가 잘못인 것 같아서 죄책감이 느껴졌어요." 니나는 부모의 문제투성이 삶에 문제를 더하지 않으려면 자신의 욕구를 겉으로 드러내지 않는 것이 더 신중하고 현명한 일이라는 사실을 깨우쳤다. (우리 모두와 마찬가지로) 니나는 골칫거리로 여겨지는 것이 아니라 사랑받고 싶었고 좋은 사람처럼 보이고 싶었다. 니나의 집을 비롯해 수많은 가정에서 아이들은 정말로 필요한 게 있어도 부모에게 요구하지 않고 귀찮게 하지 않아야만 사랑받을 수 있다.

평소 바쁘고 할 일이 너무 많아 버거운 부모 밑에서 성장한 사람은 스스로 자신을 돌보는 능력을 기반으로 자기 가치감과 정체성을 형성한다. 자존감이 문제를 일으키지 않고 아무런 요구도 하지 않는 능력과 연결되는 것이다. 궁극적으로 다른 사람들을 행복하게 해주는 것을 제외하고는 눈에 띄지 않아야 한다. 아무런 욕구가 없고 도움을 요청하지 않는 바로 그 능력 덕분에 칭찬과 존경을 받는다. "우리 딸은 너무 착해요… 뭘 해달라는 게 없어요. 다 혼자서 알아서 하죠. 정말 손이 안 가는 착한 효녀라니까요!" 자신의 욕구가 들어갈 공간이 없는 환경에서 아이는 직감적으로 아무런 것도 요구하지 않아야만 사랑받을 수 있다고 느낀다.

이런 과거를 가진 사람이라면 자신의 가치가 완전한 자급자족 능력, 즉 아무런 욕구 없이 존재하는 능력에 좌우되지 않는다는 믿음이 생길 때까지 오랜 시간이 걸릴 수 있다. 자신의 욕구가 문젯거리로 의식되지 않고 사랑받을 수 있다고 믿으려면 많은 치유가 필요하다.

욕구는 잘못이다

탓하기는 가족 안에서 여러 형태를 띠지만 사랑이 넘치거나 도움이 되는 방식은 절대로 찾아볼 수 없다. 당신은 자신의 욕구가 당신을 비판하고 결점을 지적하는 기회로 불리하게 사용되는 경험이 있을 수도 있다.

아드리아나는 그녀가 괜찮은 상태가 아니라는 사실을 드러낼 때마다 즉시 결함에 대한 지적으로 이어지는 경험을 했다. 부모가 전달한 메시지는 그녀의 문제와 감정, 욕구가 무엇이든 무조건 그녀 자신이 문제의 원인이라는 것이었다. 그녀가 너무 예민해서, 애정 결핍이라서, 너무 쉽게 상처받아서, 워낙 고통을 참지 못해서, 사람들에게 너무 많은 것을 기대해서, 사람들을 있는 그대로 받아들이지 못해서, 원하는 게 너무 많아서 등등 부모가 탓하는 그녀의 잘못은 끝도 없었다. 문제가 무엇이든 해결책은 항상 똑같았다. 아드리아나가 문제이므로 바뀌어야만 했다.

별로 놀라운 일도 아니지만 아드리아나는 강한 감정을 경험할 때마다 즉시 수치심을 느꼈다. 그녀에게 욕구는 그녀가 부족하고 문제 있고 사랑받을 수 없는 존재라는 것을 말해주는 증거였다. 욕구를 표현할 때마다 자신의 고쳐야 할 점이 주르륵 생각나서 혐오감과 수치심만 커졌다. 게다가 부모로부터 그 어떤 도움이나 지지도 전혀 없었다. 결과적으로 아드리아나는 감정적인 욕구가 완전히 만들어지기 전에 차단해 버리는 방법을 배웠다. 시간이 흐르면서 그녀는 자신에게 문제가 있거나 사랑받을 수 없는 존재라고 느끼게 하는 감정뿐만 아니라 아예 모든 감정 자체가 무뎌져 버린 여자가 되었다.

이런 가정에서 자란 아이는 사람들의 편의를 잘 봐주고 긍정적인 성격의 가면을 쓴 어른으로 자랄 수도 있다. 그리고 자신의 감정을 솔직하게 표현하는 것을 두려워하는 사람이 된다. 감정을 겉으로 드러내지 않기 위해 스스로 욕구를 처리하거나 아예 존재하지 않는 것처럼 행동하는 법을 배운다. 결국은 항상 괜찮은 사람이 된다. 자신이 괜찮지 않으면 원망할 사람이 딱 한 명, 자신밖에 없기 때문이다.

"너보다 내가 더 중요해!"

또 다른 가정에서는 아이의 욕구 표현이 마치 벌집을 건드리듯 부모의 감정의 응어리를 터뜨리기도 한다.

세레나는 어릴 때 문제가 생기거나 무언가가 필요할 때마다 어머니로부터 자기혐오와 회한이 가득 담긴 고함이 이어진 기억밖에 없다. 어머니는 자신이 끔찍한 부모에다 부족한 인간이고 딸에게 너무 큰 실망을 안겨주었다고 소리쳤다(그래서 세레나가 괜찮지 않은 것이라고). 이처럼 어머니는 그것이 자신에 대해 무엇을 말해주는가를 기준으로 세레나의 욕구에 반응했다. 대개 자신의 부모 역할이나 성격을 비난하고 자책하는 식이었다. 따라서 세레나가 속상함을 느낄 때마다 발생하는 그녀의 욕구는 어머니에게 자기혐오와 회한을 촉발시켰다. 그래서 세레나는 어머니의 고통에 죄책감과 책임감을 느낄 수밖에 없었다.

욕구는 세레나에게 분노도 촉발했다. 못난 부모라고 한탄하던 어머니가 지금도 부모 노릇을 제대로 하지 않고 있다는 사실에 너무 화가 났다. "결국 저는 힘든 일이나 정서적인 욕구가 있어도 전혀 어머니에게 말하지 않게 되었어요. 분명 어머니는 모두 당신이 너무 못난 엄마라서 그렇다고 자기혐오 섞인 반응을 보일 테니까요. 어머니는 항상 제 욕구에 자신을 투영했어요. 아무런 도움이 안 되니까 결국은 말조차 하지 않게 되었죠."

이렇게 아이의 감정과 욕구가 부모에게 강렬한 감정을 느끼게 하고 부모의 자아도취적인 상처로 돌아온 경우 아이는 자신의 욕구를 아예 드러내지 않게 된다. 말해봤자 부모의 감정만 중요해지고 결국 부모가 얼마나 무심한지만 깨닫게 되기 때문이다. 자신의 경험을 드러내도 온전한 관심이 주어지지 않고 부모의 감정만 중요해지는 것이다. 결국 아이는 고통을 줄이려고 욕구를 아예 없애거나 혼자만 아는 쪽을 택하게 된다.

미덕의 위험 : 강하거나 약하거나

겉으로 소리 내어 말하지 않더라도 모든 가정에는 이상적으로 여기고 존중하는 특징과 미덕이 있다. 우리는 어릴 때부터 부모가 어떤 자질을 갖춘 사람을 높이 평가했는지 오래 고민하지 않고도 말할 수 있을 것이다. 그러한 가치 체계와 가족의 이상은 결국 우리와 욕구의 관계에 중요한 역할을 한다. 자신이나 타인이 욕구를 알게 하는지 그렇지 않은지도 결정된다.

월로우는 전형적인 개신교 노동윤리를 따르는 가정에서 자랐다. 그녀의 집에서는 강하고 기지가 뛰어나다는 것이 가장 훌륭한 칭찬이었다. 부모는 그 무엇도 요구하지 않는 부지런하고 독립적인 사람을 가장 존경하고 사랑했다. 앓는 소리 하지 않고 다른 사람을 불편하게 하거나 신경 쓰게 하지 않고 모든 도전에 정면으로 맞서는 능력을 최고의 미덕으로 여겼다. 혼자 힘으로 해결할수록 훌륭한 사람이라는 평가를 받았다.

월로우가 가장 좋아하는 어린 시절의 기억은 어머니가 평소의 무뚝뚝한 말투로 그녀에게 강한 사람이라고 한 것이다. 그것은 그녀의 집에서 최고의 칭찬이었다. 자신이 부모에게 존중받을 뿐만 아니라 실제로 사랑받고 있다고 생각하게 된 순간이었다. 그녀가 어머니의 마음속에서 당당히 자리를 차지한 것이었다. 자신을 긍정적인 시각으로 바라보도록 허락된 순간이기도 했다.

이렇게 어린 시절의 경험을 본보기 삼아 윌로우는 당연히 자립적이고 회복력이 강한 여성으로 자랐다. 감정적 욕구를 드러내는 것은 그녀에게 선택사항이 아니었다. 감정적 욕구는 그녀가 혼자서 잘하지 못하는 약한 사람이라는 사실을 인정하는 셈이므로 그녀가 간절히 원하는 강하고 독립적인 사람처럼 보이는 것에 방해가 되었다. 그래서 윌로우에게 욕구와 강인함은 절대로 동시에 존재할 수 없었다.

결과적으로 그녀는 자신의 욕구를 부정하는 법을 배웠다. 절대로 불평하거나 다른 사람의 도움을 기대하지 않고 모든 것을 스스로 했다. "나의 욕구는 나의 책임이죠"라고 그녀는 말했다. 윌로우에게 가장 중요한 것은 어머니가 사랑하는 강한 사람이 되는 것이었다. 어머니에게 사랑받을 수 있도록 강한 사람이 되어야만 했다.

강인함은 많은 가정에서 중요시하고 존중하는 자질이다. 물론 강인함은 가치 있고 존경받을 만하다. 불평 없이 고난을 견뎌내는 능력은 우리 문화에서도 고귀한 특성으로 여겨진다. 하지만 조심하지 않으면 강하다는 것을 아무런 욕구가 없다는 것과 혼동하기 쉽다. 욕구가 있는 사람은 약하고 욕구가 없는 사람은 강하다고 말이다. 그러면 이런 가족의 가치를 기본

적인 진리로 받아들이고 결과적으로 자신의 이미지와 정체성
에 먹칠할까 봐 욕구를 무시하고 외면하게 된다.

명예훈장이 된 이타심

대다수의 딸들이 그러하듯 어린 시절 벳시에게도 도덕적
이고 고결한 여성의 모델은 어머니였다. 어머니가 가족을 돌
보는 모습을 지켜보면서 벳시가 배운 사실은 어머니가 다른
사람들을 돌보기 위해 존재하는 사람이라는 것이었다. "봉사
야말로 어머니가 존재하는 이유였죠."

하지만 그녀에게 어머니는 고유한 욕구가 있는 온전한 형
태를 갖춘 사람처럼 느껴지지 않기도 했다. 벳시는 어머니가
실제로 어떤 사람인지 전혀 알 수 없었다. "어머니는 다른 사
람들이 불편 없이 살아가도록 해주기 위해 사는 사람 같았어
요. 솔직히 우리 자매는 엄마가 혼자 있을 때는 분명 형체도
없이 사라져버릴 거라고 생각했을 정도였죠."

어머니는 벳시에게 다른 사람들과의 관계에서 독립적인
자아가 없는 모습의 본보기도 보여주었다. 어머니는 남편이
진통제 중독에 빠져드는 모습을 오랫동안 그냥 옆에서 지켜보
기만 했다. 벳시의 부모는 자신의 삶을 책임지려고 하지 않고
현실 부정과 수동적인 상태에서 함께 살았다. 이러한 가족 관

계에서 자신의 욕구를 스스로 책임지는 것은 상대방으로부터 자아를 분리시켜 독립적인 길을 간다는 뜻이므로 부부 관계를 정의하는 결합을 내팽개치는 충실하지 않은 행동이 될 터였다. 그래서 벳시의 어머니와 아버지의 관계는 두 개의 분리된 자아가 존재할 수 없는 불가분의 하나가 되었다.

이렇게 자아가 없는 어머니나 여성을 모델로 삼아 성장하면 자신의 욕구를 가족이나 사랑하는 사람들에 대한 배신으로 여기는 법을 배운다. 개인적인 욕구를 가질 권리가 없다고 믿는다. 내가 뭐가 그렇게 특별하다고 나만을 위한 욕구를 가질 수 있단 말인가? 나를 위해 모든 것을 포기하고 평생을 헌신한 어머니를 생각하면 공평하지 않은 것 아닌가? 어른이 되어 독립한 후에도 자신의 삶을 다른 사람들을 위해 헌신해야 한다고 믿을 수도 있다. 자신의 욕구를 돌보는 것에 여전히 죄책감을 느끼면서.

나에게 정말로 그런 가치가 있을까?

어린 시절의 가정환경에서 배울 수 있는 가장 중요한 진실은 우리가 근본적으로 사랑 받을 자격이 있으며 우리의 가치는 행동이나 성취, 기여에 의해 결정되는 것이 아니고 얻거나 증명해야 하는 것도 아니며 있는 모습 그대로 가치 있는 사람이라는 것이다. 이것은 논쟁의 여지가 없는 명백한 사실이다. 아이에게 이러한 사실을 알려주는 것이야말로 보호자의 가장 중요한 임무이다. 하지만 안타깝게도 내 경험상 이런 사랑을 받는 사람은 드물다. 자신이 근본적으로 가치 있는 사람이라고 믿는 사람은 많지 않다. 꼭 무언가를 해서가 아니라 존재하는 모습 그대로 가치 있는 사람이라는 확고한 믿음을 주는 환경에서 자라는 것은 당연한 일이 아니라 예외에 가깝다.

처음 만났을 때 지나는 기분이 좋아질 정도로 사랑스럽고 호감 가는 여성이었다. 하지만 아이러니하게도 그녀가 처음으로 한 말은 이러했다. "저는 친구에게 뭔가를 부탁할 때 꼭 머핀을 들고 가요. 같이 시간을 보내거나 이야기를 들어달라는 아주 간단한 용건일 때도요. 사람들에게 시간을 내달라고 부탁하려면 제가 그만한 가치가 있어야 하니까 적어도 뭔가를 해줘야만 한다는 생각이 들어서요." 이렇게 지나처럼 누군가에게 뭔가를 부탁하거나 요구할 때 있는 그대로의 나로는 충분하지 않으므로 상대방에게 뭔가 이익이 될 만한 것을 제공해야 한다고 생각하는 사람들이 많다.

있는 모습 그대로 가치 있는 존재라고 느끼게 하지 않는 환경에서 자란 사람은 스스로 충분하지 않은 존재라고 생각하게 되므로 당연히 자신의 욕구 또한 가치가 없다고 믿는 경향이 있다. 자신이 중요하지 않으므로 자신의 욕구도 중요하지 않다. 내가 무엇을 원하고 필요로 하는지 누가 신경이나 쓰겠어? 나는 왜 신경 써야 하지? 다른 사람들의 욕구는 중요하고 관심과 보살핌을 받을 가치가 있다는 사실을 쉽게 알아차리지만 자신의 욕구는 그렇지 않다. 자신의 욕구가 중요하다고 믿는 것 자체가 힘들어진다.

과거를 이해하고 현재를 선택하라

어릴 때 부모가 우리의 욕구를 어떤 관점으로 바라보았고 어떤 방식으로 반응했는지는 우리가 어른이 되어서 자신의 욕구에 반응하는 태도를 결정한다. 이제 그 사실을 분명히 알게 되었기를 바란다. 하지만 과거를 이해하지 못하면 어린 시절의 경험이 우리를 비효율적이고 건강하지 못한 방식에 가둬놓을 수 있다. 감정적 소진 문제를 해결해 나갈 때는 어린 시절의 환경을 절대로 무시할 수 없다. 그때 욕구에 대한 개인의 생각이 처음 생기고 자라났으며 욕구를 채우고자 왜곡된 형태로 바꿔버리는 방법도 터득했기 때문이다. 결국 우리는 소속과 생존을 위해 무엇을 해야 하는지를 어린 시절의 가정환경 속에서 결정한다.

이 장에서 몇 가지 전형적인 가정환경을 제시한 이유는 당신이 자신의 어린 시절 경험과 욕구에 대한 대처 전략에 호기심을 가지고 돌아보게 하기 위해서이다. 아래의 질문들은 모두 비슷하게 들릴 수도 있지만 한 번에 하나씩 천천히 돌아보면 저마다 다른 진실들을 밀어낼 것이다. 질문들에 대해 깊이 생각해 보자. 질문이 어떤 대답으로 이어지든 자신에게 호기심을 가지고 친절한 태도를 보여야 한다는 사실을 잊지 말자.

어렸을 때…

부모가 당신의 욕구와 감정에 어떻게 반응했는가?

부모에게 도움이나 위로를 요청할 때 어떤
느낌이었는가?

당신의 욕구와 감정이 부모에게 어떤 감정을
일으켰는가? 필요한 것을 부탁하거나 감정을 솔직히
말하면 결과가 뒤따랐는가?

만약 그렇다면, 어떤 결과가 뒤따랐고 당신은 어떻게
반응했는가?

욕구나 그것을 표현하는 사람에 대해 부모가 말로
하거나 암묵적으로 드러낸 믿음은 무엇이었는가?

욕구를 표현하는 사람들에 대한 부모의 말로 표현되지

않은 믿음은 무엇이었는가?

어린 시절 부모와의 경험이 현재 당신이 자신의 욕구를
대하는 방식에 어떤 영향을 미친다고 생각하는가?

그것이 당신과 욕구와의 관계에 어떤 영향을 미치는가?

이 질문들의 목적은 당신의 욕구가 자라거나 짓밟히거나
굶주린 토양이 어떤 조건이었는지 알아보기 위함이다. 당신은
욕구를 무시하거나 억누르거나 비판하는 방법을 통하여 안전
해지는 법을 배웠을 것이다(그래서 그것이 지혜로운 적응법이 되
었을 것이고).

이 사실을 알아야 한다. 우리는 처음부터 두려움이나 분노,
자신에 대한 불신을 갖고 태어나지 않는다. 태어났을 때부터
자신의 욕구와 비우호적인 관계였던 것이 아니다. 우리는 자
신을 보호하고 돌보려는 본능을 갖고 태어났다. 사람은 누구
나 자기편인 상태로 태어난다. 하지만 당신은 그런 자연스러
운 본능을 부자연스럽고 건강하지 못한 존재 방법으로 대체
하는 것을 배웠을 것이다. 역설적이지만 안전함을 느끼고 자
신을 보살피기 위해서 말이다. 하지만 좋은 소식이 있다. 태어
난 순간부터 당신의 내면에 존재하는 선한 마음을 지닌 당신

의 수호자가 여전히 안에 있고 다시 초대받기를 기다리고 있다는 것이다.

두려움의 학습

우리가 자신의 욕구를 위험하게 여기는 이유가 있다. 정말로 그것들이 위험해서도 아니고 위험한 관계를 맺는 것이 즐겁거나 쉬워서도 아니다. 자신의 경험을 거부하는 것은 즐겁지도 않고 쉽지도 않은 일이다. 우리가 욕구를 거부하는 이유는 그것이 사람들에게 사랑받을 수 없도록 위협한다는 사실을 직접 경험으로 배웠기 때문이다. 우리의 욕구는 가장 중요한 사람들과의 관계에서 갈등과 어려움을 일으키는 문젯거리였다. 우리는 욕구를 신중하게 통제해야만 자신이 살아가는 환경 속에서 안전할 수 있다는 사실을 깨우친다. 자신을 돌보는 것보다 다른 사람들을 돌보는 것이 더 평탄하고 생산적인 방법이라고 판단한다. 결국 그런 생각은 우리의 습관이 되고 세상에 존재하는 방식이 된다.

하지만 무엇보다도 우리는 가장 깊은 소속감의 욕구가 다른 욕구들 때문에 위험해진다는 사실을 깨닫는다. 그래서 그 무엇보다 가장 절실한 안전과 사랑에 대한 욕구를 지키는 길을 선택한다. 욕구를 없애는 것이다. 그리고 그 길은 우리가 살아가는 커다란 틀이 된다.

그러나 알아차림은 우리의 습관적인 패턴을 파괴하는 크립토나이트이자 우리가 자신에게 비추는 빛이다. 알아차림이 있으면 우리가 여전히 자신을 보호해 준다는 생각으로 어린 시절부터 시작된 해로운 행동을 계속해 오고 있음을 깨달을 수 있다.

어릴 때 부모가 당신의 욕구에 어떤 식으로 반응했는지, 가정에서 중요하게 여겨진 가치가 무엇이고 그 요소들이 당신의 행동과 믿음에 어떤 영향을 끼쳤는지, 어린 시절의 가정환경을 먼저 이해해야 한다. 그 환경이 당신이 욕구를 어떤 식으로 관리하고 반응하게 만들었는지 이해하는 순간, 당신은 마음의 자유로 가는 길에 놓이게 될 것이다. 자신과의 관계를 새롭게 구축하는 과정이 시작된다.

더 큰 명확성과 알아차림으로 무장하면 어린 시절에는 효과적인 것처럼 느껴졌던 대처 전략과 세상을 바라보는 시선을 앞으로도 똑같이 이어갈 것인지 결정할 수 있다. 어른이 된 지금은 새로운 자원과 더 큰 지혜가 생겼을 수도 있으므로 어렸을 때 하지 못했던 방식으로 자신을 돌볼 수 있다. 알아차림을 통해 어린 시절의 가정환경에서 비롯된 두려움과 행동을 파악할 수 있다. 이제는 그런 행동이 필요하지 않거나 유용하지 않거나 건강하지 않으며 자신이 원하는 행동 방식이 아니라는 사실도 알 수 있다.

우리의 믿음이 어디에서 비롯되었는지 이해하면 더 이상 무의식적으로 그 믿음을 행동으로 옮기지 않아도 된다. 다시 한번 말하지만 알아차림과 함께 자유가 찾아온다.

거미줄을 넘어서

지금까지 사회적 메시지와 가정환경, 어린 시절의 경험이 정교한 거미줄처럼 엮여서 욕구에 대한 의식적이고 무의식적인 믿음을 만들어낸다는 사실을 살펴보았다. 우리가 현실이라고 착각하는 주입된 현실의 복잡하고 정교한 거미줄은 우리가 자신과 자신의 경험에 반응하는 방식에 영향을 미친다. 이러한 외적인 힘은 결국 내적인 힘이 되어 우리가 느끼고 표현해도 되는 것, 더 직접적으로 말하자면 느껴서도 표현해서도 안 되는 것을 결정한다. 이 힘은 우리가 추구하는 대처 전략뿐만 아니라 우리가 살아가는 쇠창살을 만든다.

이제 앞으로 우리의 핵심 믿음core belief이 들어앉은 마음의 그늘진 구석으로 더 깊이 들어가 보려고 한다. 자신도 모르는 사이 당신이 욕구에 관해 고수하고 있는 가정과 믿음을 파헤칠 것이다. 결국 핵심 믿음이 우리의 삶을 통제한다.

4장   핵심 믿음

기묘한 현실이 있다. 지구상에서 살아가는 모든 사람은 세상이 돌아가는 방식과 무엇이 진실인가에 대한 각자의 생각과 믿음으로 가득 찬 배낭을 메고 걸어 다닌다. 각자가 살아온 방식에 따라 배낭의 내용물이 다른데 이상하게도 우리는 똑같다고 생각한다. 가방을 열고 그 안에 든 자신의 믿음과 상상의 현실을 보기 전까지 우리는 똑같은 방식과 관점에 갇혀서 자신과 세상을 바라본다. 설령 그 방식이 잘못되었더라도 말이다. 우리는 그늘에 숨겨진 믿음이 이끄는 대로 무의식적이고 의도하지 않은 삶을 계속 살아간다. 자신의 믿음을 꺼내어 들여다보면서 그 진실성에 의문을 제기하기 전까지는 그럴 수밖에 없다. 불행 중 다행으로 보통은 똑같은 믿음을 가지고 살아가는 게 너무 고통스러워서 더 이상 버티지 못할 지경에 이를 때가 온다.

지금 당신은 변화를 원할 만큼 큰 고통에 놓여 있을 것이다. 그렇다면 잘된 일이다(기분이 좋진 않겠지만). 지칠 대로 지치고 삶이 만족스럽지 않아서 지금까지 믿어온 것들이 과연 사실이 맞는지 의문이 들기 시작한다. 그러니 이 질문을 해봐야 한다. 나를 돌보는 일이 위험하고 수치스럽고 직관에 어긋난 일이라고 생각하게 만드는 나의 핵심 믿음은 무엇인가?

핵심 믿음의 중심으로 들어가기

핵심 믿음은 잘 보이지 않는다. 세상이 돌아가는 방식과 자신의 가능성에 대한 뿌리 깊은 생각들은 우리의 정신에 너무 깊숙이 얽혀 있어서 감지하기가 어렵기 때문이다. 그것은 우리가 결코 의문을 제기하지 않는 진실이다. 우리에게는 절대적인 진실처럼 느껴지기 때문이다. 핵심 믿음은 믿음처럼 느껴지지 않는다. 자아와 분리된 것처럼 느껴지지 않는 것이다. 나아가 나의 일부처럼 느껴진다. 핵심 믿음은 우리가 세상을 인식하는 렌즈 안에 숨어 있다. 우리가 만들어내는 의미와 자기 대화가 엮인 구조물과도 같다. 궁극적으로 핵심 믿음은 우리의 삶을 운영한다. 하지만 놀랍게도 우리는 그것을 보지 못한다. 일부러 찾아내 눈으로 직접 보기 전까지는 이 강력한 힘을 볼 수 없다. 하지만 알아차림이 있으면 핵심 믿음이 보인다. 우리가 믿도록 훈련된 생각이자 스스로 선택한 경험을 통해 만든 이야기라는 것을 알 수 있다. 그 믿음은 진실이 아니고 우리 자신은 더더욱 아니다.

이 장에서는 여성들이 가지고 있는 일반적인 믿음에 대해 살펴본다. 정도는 다르지만 당신에게도 있을지 모른다. 우리가 할 일은 자기 안의 핵심 믿음을 알아차리고 자아와 절대적 진실로부터 분리시키는 것이다. 핵심 믿음을 밝혀야 하는 이유는 앞으로 그 믿음을 어떻게 할지 스스로 결정하기 위해서이다. 어떤 믿음이 행동에 영향을 미치는지 알아차리는 것이 궁극적인 목표가 된다. 배낭을 열고 그 안에 무엇이 들어 있는지 확인하고 버리는 기적을 행할 것이다.

믿음 : 나의 욕구는 내가 선택하는 것이다

사라는 네 살짜리 아들과 함께 자동차 뒷좌석에 앉았다. 그녀의 시어머니가 운전대를 잡았다. 놀이공원에서 온종일 즐거운 시간을 보냈지만 기운이 다 빠져버렸다. 8시간 동안, 속이 울렁거릴 정도로 회전하는 비행기를 타고 핫도그와 솜사탕을 먹고 그늘도 없이 이글거리는 태양 아래에서 오랫동안 줄을 서서 기다렸으니 그럴 만도 했다. 두 사람에겐 너무 좁은 휴대용 화장실을 쉴 새 없이 들락날락한 것은 말할 것도 없었다. 사라는 온종일 아이의 뒤치다꺼리를 하느라고 완전히 기진맥진했다.

달리는 차창 밖을 바라보던 사라는 그녀가 가장 좋아하는 포도밭을 곧 지나치게 된다는 사실을 알아차렸다. 그녀는 포도밭의 무성한 잔디밭 위에 놓인 밝은 녹색과 오렌지색의 라운지 의자를 상상하기 시작했다. 와인 한 잔을 손에 들고 밴드가 연주하는 컨트리 음악을 들으며 여유를 즐기는 자신의 모습이 그려졌다. 온몸의 세포가 간절히 원하는 시간이었다.

사라는 갑자기 강렬한 욕망에 사로잡혔다. 마치 안에서 꽁꽁 똬리를 틀고 있던 뱀이 똬리를 푸는 것처럼 느껴졌다. 그녀는 엄마와 며느리, 아내 등 지금까지 살면서 다른 사람들을 위해 맡은 모든 역할을 전부 내려놓고 온전히 자신만을 위한 경험과 시간을 간절히 원했다. 즐거움의 순간이 필요했다. 다른 사람을 위해서가 아니라('아이가 좋아하면 나도 좋다') 좋은 평가를 받기 위해서도 아니고('이렇게 하면 좋은 엄마이니까') 그 어떤 목적을 위한 수단이 아니었다. 사라가 "내가 원해서"라고 간단하게 표현했듯이 그녀가 간절히 원하는 일이었다.

하지만 그때 시어머니가 전날 다 먹은 치킨너겟을 사러 슈퍼마켓에 들를 것이라고 말했다. 그리고 시어머니는 사라에게 시간이 이미 늦었으니 집에 가자마자 손자의 저녁 식사를 챙겨주라는 사실도 일깨워 주었다.

미니밴의 미등 불빛에 사라지는 포도밭을 보면서 사라의 가슴에는 마치 아까 꽈리를 푼 뱀이 목구멍으로 기어오르려는 것처럼 강한 기운이 솟아오르기 시작했다. 그녀는 아들과 시어머니, 남편 등 자신을 뒷자리에 가두고 눈치 보면서 행동하게 만드는 모든 사람에게 화가 치밀었다.

그러나 몇 초도 되지 않아 뱀은 몸을 돌려 그녀를 물었고 몸 안에 자신을 비난하는 독이 퍼졌다. 안에서 이렇게 말하는 목소리가 흘러나왔다. '왜 이 순간을 망치고 불행해지는 선택을 하려는 거야? 모르겠어? 왜 주어진 상황에 만족하지 못하는 거야? 이런 행복도 주어지지 않은 여자들을 생각해 봐!'

그 목소리는 거기에서 멈추지 않았다. 독이 계속 퍼져나갔다. 오늘 하루를 아이와 함께 보내는 것만으로, 아이가 즐거워한 것만으로 됐잖아? 왜 넌 항상 너 자신을 위해 뭔가를 원하는 거야? 네 욕구는 네가 감사할 줄 모르는 이기적인 인간이고 나쁜 엄마라는 증거야.

사라의 핵심 믿음은 그녀의 욕구가 스스로 선택하고 만들어낸 결과물이라는 것이다. 그러므로 그녀의 욕구는 바뀔 수 있고 바뀌어야만 한다. 우리도 사라처럼 원하지 말아야 할 것을 원하는 선택을 스스로 내리는 것이고 부정적인 감정이 다 자기 탓이라고 생각할지 모른다. 불행과 고통이 자신의 선택 때문이라고 말이다. 그러므로 욕구는 우리가 무가치하고 도저히 만족을 모르는 사람이라는 증거가 된다. 만약 우리가 덜 탐욕스럽고 덜 부정적이고 덜 화를 내는 나은 사람이라면 이런 기분을 느끼지 않을 테니까. 가진 것만으로 만족할 것이다. 다른 사람이라면 주어진 그대로의 상황에 만족할 수 있으리라고 말이다. 이처럼 감정이 개인의 선택으로 만들어낸 것이라는 핵심 믿음이 있으면 고통에 대해 스스로를 탓하게 된다.

믿음 : 욕구는 내 고통의 원인이다

테스는 속상한 하루를 보내고 집에 도착했다. 상사가 그녀의 말을 잘못 해석하는 바람에 큰 다툼이 생겼고 그녀는 곧 있을 승진에 불리해졌다. 그녀는 속상한 마음을 털어놓고 싶어서 와인을 한가득 따르고 소파로 가서 남편 옆에 앉았다. 남편은 고작 1~2분이 지나자 늘 그렇듯 그녀의 "감정에 대한 이야기를 너무 오래 듣는 게" 지루하고 짜증 난다는 신호를 보이기 시작했다. 역시나 늘 그렇듯 그는 테스에게 그녀의 상사가 얼마나 비합리적인지 잘 알지 않느냐고 말했다. 그런 다음에는 상사의 비열한 성격에 놀라거나 화를 내거나 영향을 받으면 안 되고 그 무엇도 기대해서는 안 된다는 등의 설교를 늘어놓기 시작했다. 다닐 직장이 있다는 사실만으로 감사해야 한다고. 한마디로 그녀가 그런 감정을 느끼면 안 되고 상사(또는 남편)에게 뭔가를 기대해서도 안 된다는 말이었다.

얼마 지나지 않아 대화가 끝났고 테스가 이미 느끼고 있던 고통스러운 감정 목록에 좌절감과 상처만 추가되었다. 그녀가 간절히 원한 것은 남편이 자신을 비판하지 않고 이야기를 들어주는 것이었다. 상황의 요점뿐만 아니라 자신이 어떤 감정을 느끼고 지금 무엇이 필요한지도 이야기하고 싶었다. 하지만 남편의 인내심이 그녀의 감정적 욕구를 받아줄 수 있는 범위 안에서는 도저히 불가능한 일이었다. 테스에게 정말 필요한 것은 그녀의 모든 것이 환영받는 경험이었다. 그녀의 말을 빌리자면 이렇다. "너무 반복적이고 너무 감정적이고 너무 지루하고 너무 관심에 굶주리고 너무 까다로워서 관심을 줄 수가 없다는 말을 듣지 않아도 되는 그런 경험 말이에요." 테스는 너무 외로웠지만 항상 하던 대로 했다. 자신에게 필요한 것을 옆으로 치워버리고 꽉꽉 누르고 아무렇지 않은 척했다. 그녀는 아무런 문제가 없는 것처럼 남편과의 관계를 평화롭게 이어가는 평소의 모습으로 돌아갔다.

하지만 그날 밤 테스는 가슴에 돌덩이가 들어앉은 느낌이었다. 슬픔의 감정인 것 같았다. 정말로 필요한 것을 그 누구에게도 결코 받지 못할 것이라는 확신이 점점 커지면서 감정적으로 완전히 지쳐버렸다.

그녀는 남편과 나눈 대화를 다시 곱씹었다. 자신이 가엾게 느껴졌다. 하지만 자신의 피로와 슬픔이 감지되자마자 테스는 자신에게 등을 돌렸다. 머릿속에서 이런 목소리가 들려왔다. '힘든 하루를 보내고 저녁만이라도 마음 편하게 쉬고 싶은 남편의 지극히 합리적인 바람을 넌 왜 이해하지 못하는 거야? 왜 남들이 네 감정을 그렇게 정확하고 자세하게 이해하기를 바라는 거야? 왜 그냥 넘어가지 못해?' 그리고 마지막으로 이 말이 그녀를 때렸다. '나는 왜 나 자신과 남편에게 계속 이런 행동을 하는 걸까?' 많은 여성들과 마찬가지로 테스는 그런 경험이 자신이 스스로에게 하는 행동이라고 믿었다. 욕구도 고통도 다 자신이 만드는 것이라고.

서로 관련된 이 두 가지 핵심 믿음은—'감정은 내가 선택하는 것이므로 내가 감정을 바꿀 수도 있다'와 '감정(그리고 욕구)은 내가 고통을 느끼는 이유이다'(둘 다 여성들 사이에서 매우 흔하게 나타난다)—우리와 경험의 관계에 중요한 역할을 한다. 어떤 감정을 느끼는 이유가 자신의 탓이라는 확신으로 무장한다면 자신의 경험을 친절한 태도로 인정하는 것 자체가 위협적이고 반직관적으로 느껴질 것이다. 감정은 자신이 만든 것이고 그 감정이 자신을 고통스럽게 하는데 당연히 공감하고 싶지 않을 것이다. 감정을 받아들인다면 자신의 파괴적인 부분을 격려하고 강화하는 것이 될 테니까 말이다. 지금 느끼는 감정과 다른 감정을 선택할 수 있다. 행복의 감정을 선택할 수 있다. 그러므로 자신의 감정을 알아차리고 주의를 기울이는 것은 원치 않는 위험한 침입자를 초대해 차를 마시는 것처럼 잘못된 방향으로 나아가는 행동일 것이다.

그래서 당신은 감정을 거부하고 많은 여성들이 가장 좋아하는 질문으로 되돌아간다. '이런 감정을 느끼고 이런 걸 필요로 하다니 대체 나는 뭐가 문제인 거야?' 결국 당신의 욕구는 충족되지 못하고 자신을 탓하기만 하는 패턴이 끝없이 되풀이된다.

믿음 : 나는 이것을 필요로 하면 안 된다

내가 켈시를 처음 만났을 때 그녀는 혹시라도 남자친구가 시간이 나서 만날 수 있을지도 모르니 무조건 주말을 비워두는 상태였다. 하지만 그렇게 시간을 비워놓고 기다렸다가 남자친구가 시간이 없다고 하면 "아무것도 하지 않은 채" 주말을 통째로 날려버리기 일쑤였다. 그녀는 이런 상황에 지루하고 불편함을 느끼기 시작했고 자신의 이익을 챙기지 못하는 것에 대해 수치심도 느껴졌다. "마치 남자친구를 제외하면 제 자신이 존재하지 않는 느낌이에요. 나라는 사람이 존재하지 않고 마치 다른 사람처럼 느껴져요."

나는 켈시에게 호기심이 생겼다. 이는 결과적으로 그녀가 자신에 대해 호기심을 가질 수 있게 해주었다. 그녀는 자신이 무엇을 좋아하고 무엇에서 영감을 얻는지 알아내는 데 관심을 기울이게 되었다. 놀랍게도 그녀는 자신이 요가를 무척 좋아하고 명상에도 강하게 끌린다는 사실을 발견했다. 태어나 처음으로 살아 있는 기분이 들었고 자신감 넘치고 적극적인 태도가 생겼다. 자신이 그 누구에게도 의지하지 않는 독립적인 존재라고 느껴졌다. 그녀는 아침에 명상과 요가를 하고 직접 혼합한 차를 마시면 진정한 자신의 모습으로 현재에 충실하면서 행복한 하루를 시작할 수 있다는 사실을 알게 되었다.

하지만 남자친구는 새로워진 켈시를 받아들이지 못했고 결국 헤어졌다. 그는 아무런 이익도 추구하지 않고 아무런 요구도 없이 자신에게 무조건 맞춰주는 켈시가 그와 별개로 존재하는 중심이 확실하게 잡힌 켈시보다 더 좋았던 것이다.

몇 달 후 켈시는 새로운 남자친구를 사귀게 되었고 그의 집에서 주말을 보내기 시작했다. 사귀기 전에 그녀는 요가와 명상, 차로 이루어진 일과를 한결같이 지켰다. 진정으로 건강한 사람이 되려면 몸과 마음과 이어지고 자신의 욕구에 주의를 기울여야 한다는 사실을 알게 되었기 때문이다. 연애를 시작한다고 해도 절대로 바뀌지 않는 사실이었다.

그런데 몇 주도 되지 않아 켈시와의 대화에서 그녀의 예전 믿음이 슬금슬금 돌아오는 게 느껴졌다. 켈시는 불과 몇 주 전까지만 해도 "절대로 양보할 수 없는" 자기돌봄 습관이라고 했던 것들에 대해 전혀 이야기하지 않게 되었다. 당연히 남자친구의 집에 있을 때는 그녀가 원하는 방법으로 자신을 돌보는 것이 쉽지 않았다. 무엇보다 차를 보관하거나 요가 매트를 펼칠 공간이 없었다. 하지만 그런 문제들이 해결된다고 해도 켈시는 그녀가 "하루를 시작하기 전에" 꼭 해야만 하는 일들을 남자친구가 알게 된다면 "유난스러운 여자"라고 생각할까 봐 걱정스러웠다. 그녀에게 너무나 의미 있고 큰 도움이 되었던 자기돌봄 습관이 이제는 (그녀가 상상한) 남자친구의 시선을 통해 재구성되었다. 그 결과 그녀의 욕구는 가치를 잃었고 사라져 버렸다. 그녀의 욕구는 남자친구가 좋게 봐주어야만 좋은 것이었는데 좋게 봐주지 않았다.

머지않아 켈시는 평일에도 자신에게 필요한 일을 하는 것을 멈추었다. 당연히 그녀는 점점 더 짜증이 나고 방어적이 되었고 불안함이 커졌다. 자신에게 필요한 것에 관심을 기울이면서 느꼈던 자신감과 자기 신뢰마저도 사라지고 있었다.

"어차피 그런 의식이 없어도 괜찮아야 하고 진정한 내가 될 수 있어야 하는 것 아닌가요?" 그녀가 냉소적으로 말했다. "차를 마셔야만 기분이 좋아진다는 게 말이 되나요? 남자친구는 그런 자질구레한 의식이 없어도 잘 살아가잖아요. 보통 사람들처럼 그냥 아침에 일어나서 샤워를 하고 일하러 가잖아요."
켈시는 자신을 돌보는 습관을 그만둔 것이 문제가 아니라 애초에 그런 것들이 필요하다는 사실 자체가 문제라고 여겼다.

이 핵심 믿음은 필요한 게 있으면 안 된다고 말한다. 켈시는 자신의 욕구가 잘못된 욕구이고 원한다는 것 자체가 잘못이라고 생각해서 욕구를 인정하길 거부했다. 당신은 켈시처럼 무언가를 필요로 하는 자신의 감정이 올바르게 느껴진다면 당연히 제대로 돌볼 것이라고 주장할지도 모른다. 하지만 문제는 그런 감정이 올바르다고 느껴지는 순간이 절대로 찾아오지 않는다는 것이다. 결과적으로 지금의 나는 필요한 것을 얻을 기회를 박탈당한다.

믿음 : 내가 그럴 만한 가치가 있는 사람이 된다면 그때 돌볼 것이다

리사는 캘리포니아 남부 출신이지만 미네소타에서 거의 10년을 살았다. 그녀는 그곳을 "겨울이 한철이 아니라 일년 내내 지속되는 엄청나게 추운 곳"이라고 말한다. 그녀는 달리기를 즐기는 여성이었다. 달리기는 그녀의 가장 큰 취미였다. 그녀는 인간성을 지키고 참을성 있는 태도로 사람들을 대하고 마음의 평화를 느끼기 위해서라도 달리기를 꼭 해야만 한다고 털어놓았다. 하지만 일 년 중 오랫동안 땅이 눈과 얼음으로 덮여 있고 어둡고 추운 아침이 계속되어서 달리기를 하러 나가는 것이 너무 어렵다는 사실을 알게 되었다. 달리기를 하지 않으면 무기력함과 우울함을 느꼈다. 결국 수년 동안 그런 상태로 살아갈 수밖에 없었다.

나는 리사가 경제적으로 여유롭다는 사실을 알고 왜 가장 추운 달에는 체육관에 등록해 실내에서 뛰지 않는지 물었다. 그녀는 체육관에 등록하는 것은 선택사항이 아니라고 딱 잘라 말했다. 자신은 추운 날에도 밖에서 뛸 수 있어야 하고 힘들어도 할 일을 해내야만 하는 사람이어야 한다고 말이다. 그녀는 달리기를 위해 체육관에 등록할 필요가 없다고 생각했다. 한마디로 추위에 제약을 받고 추운 아침에 밖에 나가서 달릴 의지가 없는 사람의 욕구는 귀 기울일 가치가 없다고 여기는 것이었다. 그런 사람은 무기력하고 우울한 상태가 되어도 그녀가 신경 쓸 바가 아니라고 말이다. 몇 년이 지난 지금도 리사는 밖에서 달릴 수 있을 만큼 의지가 강한 사람이 되기를 기다리고 있었다. 스스로 그런 사람이 되어야만 자신의 욕구와 행복을 신경 쓸 가치가 있다고 여겼다.

리사는 어둡고 추운 아침에도 변함없이 밖으로 나가서 달릴 수 있는 여자가 되기 위해 필사적으로 노력했지만, 문제는 그녀는 그런 여자가 아니었고 절대로 그렇게 될 수 없을 것이라는 점이었다. 당신도 지금과 다르고 더 낫고 더 가치 있는 사람이 되기를 기대하고 있는가? 그런 사람이 되어야만 자신의 욕구에 관심을 기울이는 것이 허락되는가? 자신을 돌볼 수 있게 되기까지 얼마나 오래 기다려왔는지, 앞으로 얼마나 더 기다릴 것인지를 생각해 보라. 당신은 언제쯤 관심받을 자격이 있는 여자가 될까? 언제쯤 당신의 현재가 중요해질까? 진실은 이것이다. 완성되지 않은 불완전한 형태여도 당신은 지금 당장 자신을 소중하게 여길 수 있다. 지금의 모습 그대로도 이미 자신의 보살핌을 받을 자격이 있다. 정말로 그렇다.

믿음 : 욕구는 내가 가진 것에 감사하지 않는다는 뜻이다

내 친구 애비는 얼마 전 생일이었다. 그녀의 특별한 날을 위해 남편과 아이들이 저녁 식사를 대접하기로 했다. 목적지가 어느 레스토랑인지 생일을 맞이한 사람에게 비밀로 하는 것이 그 가족의 전통이었다. 그날 저녁 눈가리개를 벗었을 때(이것도 전통이었다) 애비는 그들이 사는 도시에서 예약하기도 어렵고 비싸기로 유명한 초밥집 앞에 서 있다는 사실을 발견했다. 엄청나게 비싼 가격 때문에 사업가나 법인 카드를 쓰는 사람들만 오는 곳이기도 했다. 여직원이 그들을 야외 테이블로 안내해 주었다. 자동차 매연과 소음이 가득한 곳에서 값비싼 음식을 즐겨야 한다는 뜻이었다.

애비에게는 식당과 음식값, 소음 등 그 경험의 모든 것이 끔찍했다. 그녀는 특별한 풍경이 없는 조용하고 편안한 식당을 좋아했다. 이 식당처럼 엄청나게 적은 양으로 나오는 고급 요리보다 간단하고 넉넉하게 나오는 음식을 선호했다. 게다가 그녀는 남편의 수입으로 이렇게 비싼 레스토랑을 이용하는 것이 무리라는 사실도 잘 알고 있었다. 분명 남편은 다른 필요한 것들을 포기해야 했을 것이고 그 스트레스가 나중에 결국 그녀에게 돌아오리라는 것도 분명했다. 그녀에게는 생일 축하 자리가 진심이 빠진 의무이자 연기처럼 느껴졌다. 가족들은 이곳을 선택하기를 잘했다는 사실을 확인하고 싶어서 계속 그녀의 반응을 살폈지만 애비는 속으로 조용히 울고 싶은 마음을 눌러야만 했다. 그녀는 자신이 가족들에게 사랑받고 있다는 것을 알았지만 이렇게 깊은 외로움을 느껴본 적이 없었다.

애비는 도저히 불가능한 것처럼 보이는 선택에 직면했다. 물론 그녀는 오늘 저녁을 특별하게 만들어 자신을 기쁘게 해주려고 노력한 남편과 딸들에게 큰 사랑과 고마움을 느꼈다. 하지만 이것은 그녀가 조금도 원하는 것이 아니었다. 그녀가 원한 것은 가족들이 뿌듯해하고 실망하지 않도록 마음에 드는 척할 필요가 없는 경험이었다. 그녀는 자신의 생일이 진정으로 누구를 위한 것인지 의아할 정도였다. 자신인지, 가족들인지. 돌이켜 생각해 보니 그녀의 생일은(다른 모든 날도) 가족들이 뿌듯하고 기분 좋아야 한다는 사실이 가장 중요했던 것 같았다. 자신의 욕구는 사라져야만 한다는 사실이 그녀를 지치게 했다.

결국 애비는 연신 감탄사를 내뱉으면서 300달러짜리 생선회를 먹었다. 속마음을 드러내면 가족들이 실망하고 상처받을까 봐 두려웠다. 그러면 결국 온 가족이 모처럼 함께하는 시간이 엉망진창이 되어버리고 그녀는 "좋은 분위기를 망치는 불평쟁이"로 보일 테니까. 그날의 저녁 식사 후 애비는 세상에서 가장 사랑하고 자신을 가장 알아주었으면 하는 사람들에게조차 솔직한 모습을 보일 수 없다는 사실에 답답하고 슬퍼질 뿐이었다. 분명 자신을 위한 날이었지만 자신에게 필요한 경험을 얻는 것이 아니라 가족들에게 필요한 경험을 주어야만 한다고 느껴졌다.

많은 여성이 애비처럼 주어진 것과 다른 것을 원하면 감사할 줄 모르는 것이라는 핵심 믿음을 갖고 있다. 다른 것을 원하면 주어진 것에 감사하지 못한다는 믿음이다. 서로 모순되어 보이는 두 개의 진실을 마주할 때 우리는 두 개의 진실 사이에 '하지만'을 붙인다. 네 노력은 고맙지만 나는 다른 것이 필요해. 나는 너를 사랑하지만, 나는 이게 마음이 들지 않아.

이런 식으로 사용하는 '하지만'이라는 단어는 지우개나 마찬가지다. 사람들의 친절과 감사한 마음을 지워버린다. 서로 모순된 진실도 공존할 수 있다. 아무리 정반대처럼 보이는 진실이라도 '그리고'로 분리할 수 있다. "신경 써줘서 정말 고마워. 그리고 나는 다른 것도 필요해."

믿음 : 만약 내가 욕구를 인정한다면 나는 무너질 것이다

지나는 항상 유능하고 씩씩하고 지혜롭고 행동력이 강한 사람이었다. 그녀에게는 아직 어린 세 자녀와 사이좋은 남편, 친한 친구들, 좋아하는 직업이 있었다. 그녀는 최선을 다해 주변 사람들을 돌보았고 어느 모로 보나 그녀의 삶은 제대로 굴러가고 있었다. 하지만 많은 여성이 그러하듯 그녀는 피곤하고 지쳤다. 그녀는 눈물을 꾹 참으면서 자신도 보살핌을 받고 싶다고 털어놓았다. "인정하기 부끄럽지만 가끔은 저도 사람들에게 보살핌을 받고 싶어요. 제가 남들에게 신경 써주는 것처럼 말이에요. 뭐가 필요하다고 먼저 요구하거나 설명하지 않아도 알아서 해주는 배려와 챙김을 원해요. 저는 사람들에게 그렇게 해주거든요. 그만큼 평소 세심하게 주의를 기울이니까 그럴 수 있는 거죠. 그런데 가끔은 사람들이 알아서 저를 보살펴 주었으면 좋겠어요."

내가 지나에게 그런 보살핌을 받는 데 방해가 되는 것이 무엇이냐고 묻자 무척 놀라운 대답이 돌아왔다. 그녀는 사람들의 보살핌을 받으려고 하는 순간 자신이 완전히 무너질 것이기 때문에 도저히 그럴 수 없다고 말했다. 그렇게 많은 보살핌을 원하고 필요로 한다는 사실을 인정하는 순간 그녀는 무너져 내릴 것이다. 끝이 보이지 않는 구멍과도 같은 욕구를 인정한다면 다른 사람들에 대한 수많은 책임을 수행할 수 없게 될 터였다. 지나의 생각은 분명했다. 필요한 일을 전부 해내고 돌봐야 할 사람들을 전부 돌보려면 자신의 욕구는 무시할 수밖에 없다고. 자신도 보살핌을 받고 싶은 욕구를 말이다.

당신도 지나처럼 남들의 보살핌을 받으면 쓸모없는 존재가 될 것이라고 믿고 있을지 모른다. 다른 사람들을 돌보거나 자신을 돌보거나 둘 중 하나만 가능하며 둘 다 돌볼 수는 없다고. 하지만 이것은 잘못된 믿음이다. 보살핌받을 기회를 거부하고 그 욕구에 대해 침묵을 지키는 것은 결국 마음의 에너지를 회복하고 재충전할 기회를 거부하는 것과 같다. 다른 사람들에 대한 책임을 다하려는 잘못된 노력으로 자신에 대한 책임은 무시한다. 결과적으로 우리의 피로와 외로움은 커진다. (우리의 학습된 믿음 체계와 반대로) 현실에서는 나 역시 욕구와 한계가 있는 평범한 사람이라는 사실을 인정하고 인간적인 모습을 보일 때 다른 사람들을 돌보는 일도 더 쉽고 더 만족스러워진다. 자신을 보살필수록 감정 소진과 원망도 줄어들어서 사람들을 제대로 보살필 수 있다. 우리가 허락만 한다면 기브 & 테이크는 세상에서 가장 아름다운 악수가 된다.

믿음 : 나는 좋은 것을 받을 자격이 없다

"제 욕구에 관심을 가지라고요? 그건…제가 받을 자격이 있다는 뜻이잖아요." 할리가 말했다. "제가 보살핌을 받을 자격이 있고 원하는 것을 얻을 권리가 있다는 뜻이잖아요. 제가 정말 그럴 자격이 있나요? 잘 모르겠어요." '나는 좋은 것을 받을 자격이 없다'는 할리의 핵심 믿음은 여성들에게 가장 널리 퍼진 믿음이자 가장 큰 피해를 일으키며 우리가 가장 맹렬하고 집요하게 고수하는 믿음이기도 하다.

자신이 중요하고 보살핌을 받을 가치가 있다는 사실은 우리가 전적으로 동의하지 못하거나 전혀 동의할 수 없는 부분일 것이다. 어쩌면 전혀 자격이 없다고 생각할 수도 있다. 내가 무엇을 했기에 그런 가치가 있단 말인가? 이것은 많은 여성의 가슴에 와닿는 질문일 것이다. 자신이 뭔가를 주거나 제공해서가 아니라 있는 그대로 중요한 존재라서 돌볼 가치가 있다는 생각은 쉽게 받아들이기 어려운 전제일 것이다.

그러나 우리는 영리하게도 자신이 필요로 하는 것을 아

주 조금이라도 얻을 수 있도록 자신의 무가치함의 문제에 대한 은밀한 해결책을 생각해 냈다. 다른 사람들의 욕구를 돌보려면 먼저 자신의 욕구를 돌봐야 한다는 훌륭한 서사를 만들어낸 것이다. 자신의 양동이를 먼저 채우지 않으면 다른 사람의 양동이를 채울 수 없다. 그러므로 다른 사람들을 돕기 위하여 자신을 돌보는 것은 우리의 책임이 된다. 이것은 우리가 죄책감을 느끼더라도 자신을 돌보는 것이 용납된다는 합리화를 제공한다.

이러한 근거는 정말로 자신에게 중요한 것이 아니라는 가정하에 자신의 욕구에 주의를 기울이도록 허락해 준다(전혀 자신을 위한 일이 아니기 때문이다). 다른 사람들을 잘 보살피기 위해 자신을 보살펴야 하기 때문이다.

물론 자신의 양동이를 먼저 채워야 한다는 이야기는 유용하고 사실이기도 하다. 하지만 아무런 이유가 없어도 자신이 본질적으로 가치 있는 사람이라서, 보살핌을 받을 자격이 있기 때문에 자신을 돌보는 것과 똑같지는 않다.

믿음 : 자신을 돌본다는 것은 내가 무언가를 잘못하고 있다는 뜻이다

여성들이 씨름하는 또 다른 핵심 믿음은 자신의 욕구를 돌보는 것은 자기가 직접 하면 안 되는 일이라는 생각이다. "누구든 자기를 돌보는 건 남이 해줘야죠. 내가 나를 돌보는 건 뭔가 자연스럽지 않아요." "벌처럼 느껴져요." "항상 내가 나를 돌봐야만 하는 상황이 지쳐요. 그러면 안 되잖아요. 불공평해요." 나는 이런 말을 매일 듣는다. 우리는 자신의 욕구에 주의를 기울이는 것이 우리가 마땅히 받아야 할 사랑, 다른 사람들은 전부 받는 사랑을 받지 못하고 있다는 증거라고 확신한다. 정말로 동화에서 여자들은 항상 다른 누군가의 보살핌을 받는다.

마음속으로 당신은 스스로 자신을 돌보아서는 안 되고 그것은 자신에게 뭔가 문제가 있다는 뜻이라고 믿을지도 모른다. 게다가 필요한 것을 자신에게서 얻을 수 없으며 자신의 보살핌은 보잘것없기에 다른 사람의 보살핌을 대신할 수 없고 실패한 삶에 주어지는 상이라고 생각할 수도 있다. 이런 믿음이 있는 사람은 자신의 욕구에 등을 돌리고 스스로를 보살펴야 할 책임을 거부한다. 속으로 발을 동동 구르며 다른 누군가가 그 일을 대신 해주기를 기다리고만 있을 것이다. 스스로 자신을 책임지는 것은 사랑의 게임에서 패배를 받아들이고 패배자가 되는 것이니까. 하지만 결과적으로 자신의 관심이 없으면 욕구가 충족되지 않은 채로 살아야 한다.

믿음 : 욕구가 총족되지 못하는 사람들이 많은데
내 욕구만 충족하는 것은 불공평한 일이다

이상하게도 욕구 충족에 관한 여성들의 예상치 못한 장애물은 공평함의 문제와 관련이 있다. 많은 여성이 필요한 것을 얻지 못하는 사람들이 많은데 자신만 그런 호사를 누려도 과연 괜찮냐고 묻는다.

20년 동안 열심히 일한 웬디는 6개월간의 휴식을 취하기로 결심했다. 그동안 열심히 일했으므로 쉴 자격이 있었고 그녀에게는 휴식이 절실히 필요했다. 하지만 안타깝게도 그녀는 자신을 돌보기로 한 선택에 대해 6개월 내내 죄책감을 느꼈다. 그녀가 정정당당하게 얻은 특권이었는데 자신을 탓했다. 웬디의 핵심 믿음은 자신에게 필요한 것을 얻는 것은 그렇지 못한 사람들을 생각할 때 불공평한 일이라는 생각이었다.

많은 여성이 그러하듯 당신도 다른 사람보다 더 많이 받아서는 안 되며 다른 사람이 얻을 수 없는 것을 절대로 얻어서는 안 된다고 믿게 되었을 수 있다. 현실은 공평해야 한다고 말이다. 특히 자신이 공정하다고 생각하는 것보다 많이 받을수록 그렇게 생각한다. 이 핵심 믿음은 원래 삶이 그 누구에게도 공평하지 않다는 절대적인 진리를 거부하게 한다.

어떤 사람들은 뛰어난 지능, 아름다움, 운동 능력, 창의적인 상상력을 가지고 태어난다. 또 어떤 사람들은 부, 행복한 가족, 기회를 타고난다. 그런가 하면 그 어떤 선물도 받지 못한 채 황무지 또는 더 나쁜 환경에서 태어나는 사람들도 있다. 그뿐인가. 기회와 도전을 다루고 장애를 극복하고 재능을 활용하는 능력 또한 사람마다 천차만별이다. 레몬으로 레모네이드를 만들 수 있는 사람도 있지만 역경에서 허우적거리기만 하는 사람도 있다. 회복력, 노력에 대한 의지, 좋은 선택을 할 수 있는 능력, 긍정적인 것에 대한 끌림도 사람마다 똑같지 않으며 그렇기에 불공평하다. 단지 여자라는 이유만으로 우리 여자들에게 주어지는 기회도 다르다. 사실 우리는 자신에게 주어진 것을 가지고 스스로 무언가를 만들어서 기회를 최대한 활용한다.

이 부인할 수 없는 진실에도 불구하고 당신은 여전히 다른 사람이 갖지 못하는 좋은 것을 가져서는 안 된다고 믿을지도 모른다. 자신이 열심히 노력해서 얻은 기회인데도 다른 사람들이 즐길 수 없는 기회를 누리면 너무 제멋대로라는 죄책감이 느껴질 것이다. 특히 평등하지 않은 환경에서 자신을 챙기면 불공평함을 더욱더 부추기는 것처럼 느껴진다. 삶이 불평등하다는 것은 너무도 자명한 현실인데도 자신의 탓으로 받아들인다. 결과적으로 자신의 가능성을 부정하고 자신을 돌보야 할 책임을 버리고 만다. 죄책감을 달래면서 다른 사람들보다 더 많은 것을 얻지 못하도록 잘못된 선택을 하는 것이다.

믿음 : 내가 내 몫을 챙기면 다른 사람은
그들의 몫을 얻지 못한다

조금 전에 살펴본 핵심 믿음의 사촌이 있다. 내가 원하는 것을 받고 좋은 것을 챙기면 다른 누군가가 그들의 몫을 잃게 될 것이라는 믿음이다. 이런 믿음 속에서는 내가 무언가를 받는 것이 불공평할 뿐만 아니라 탐욕스럽고 공격적인 일이 된다. 긍정적인 경험은 우리가 다섯 살 때 동생에게 준 쿠키처럼 (그리고 그때 받은 칭찬도) 유한한 자원으로 간주된다. 나의 승리는 다른 사람의 패배이므로 좋은 것을 받아들이고 원하는 것을 스스로 창조하는 것은 잘못이다. 본질적으로 주어진 몫보다 더 많이 챙긴다는 뜻이니까. 이처럼 자신의 욕구와 필요를 무시하는 것이 운이나 능력이 부족한 사람들을 에둘러 위하는 방법이 된다.

하지만 우주에 제로섬은 존재하지 않는다. 그것은 우리가 만들어낸 개념일 뿐이다. 자신의 욕구를 무시하면 어떻게든 현실의 불공평함에 균형이 맞춰진다는 생각은 여자들이 죄책감에 사로잡혀 자신의 책임도 아니고 바로잡을 수도 없는 일에 대해 책임을 지는 또 다른 방법이다. 자신의 욕구가 중요하지 않은 척하는 것은 현실의 불균형을 바로잡는 데 아무런 도움도 되지 않으며 다른 사람들에게 필요한 것을 주지도 않을 것이다. 요컨대 우리가 자신을 돌보든 말든 이 세상에 불균형은 계속 존재할 것이다. 당신이 원하고 필요한 것을 스스로 부정한다고 이익을 얻을 사람은 아무도 없다. 하지만 한 사람은 확실히 손해를 본다. 그게 바로 당신이다.

믿음 : 내 욕구가 충족되지 않는다는 사실을 모르는 편이 더 낫다

이 책을 준비하는 과정에서 욕구라는 주제로 많은 여성을 인터뷰했다. 그 과정에서 내내 같은 질문이 쏟아졌다. 어차피 충족되지 않을 욕구라면 욕구를 인식하는 것 자체가 무슨 의미가 있죠? 내 친구는 이렇게 표현했다. "절대로 손에 넣지도 못할 것을 자세히 알아서 뭐해? 난 됐어!"

이러한 감정의 빈도와 강렬함은 우리 여자들이 공통으로 가지고 있는 또 다른 믿음을 보여준다. 그 믿음에 도달하는 과정은 이렇다. 우리가 자신의 욕구에 관심을 가져야 하는 이유는 그것이 채워질 수 있을 때뿐이다. 만약 충족되지 못하거나 원하는 방식으로 충족되지 못한다면 차라리 그런 욕구가 존재한다는 사실을 모르는 편이 낫다. 알면 박탈감에 기운이 빠지고 기분만 상할 테니까.

하지만 알아차림은 박탈감의 해독제이자 자유로 가는 열쇠이다. 어떤 핵심 믿음이 우리의 행동을 주도하는지 알고 진실이라고 믿었던 것이 가정에 불과하며 가정된 진실을 받아들이고 마음속으로 굳히고 또 굳혔다는 사실을 이해하면 앞으로도 계속 그 믿음을 이어갈지 결정할 수 있다. 그보다 더 중요한 것은 계속 그 믿음에 따라 행동할 것인지를 결정할 수 있다는 점이다. 그뿐만 아니라 스스로 가치 없고 지혜롭지 않은 사람이라는 지금까지의 핵심 믿음을 뒤집고 아마도 태어나 처음으로 자신의 욕구를 존중하고 돌보기 시작할 수 있다. 알아차림이 있으면 새로운 차원의 의도를 가지고 자유롭게 살아가면서 자신을 돌볼 수 있는 것이다.

인생이 변하기 위해 그 무엇보다 꼭 필요한 것이 있다. 바로 알아차림이다. 지금까지 따라온 길을 돌아보고 어떻게 현재 위치에 이르게 되었는지 이해하기 전까지는 절대로 새 길을 낼 수 없다.

지금까지 여자들이 욕구를 표현하지 못하도록 위협하는 판단과 이름표에 대해 살펴보았다. 욕구의 충족과 관련된 두려움과 기대를 만드는 가정환경에 대해서도 알아보고 우리가 세상과 상호작용하는 방식을 결정하는 핵심 믿음도 들여다보았다. 한마디로 욕구에 대한, 궁극적으로 우리 자신에 대한 모순적이고 불신으로 가득하고 비우호적인 태도를 만든 환경을 낱낱이 파헤쳤다.

이 문제에 대해 우리 사회는 해결책을 내놓았다. 우리의 현

재 상태에 대한 처방이 존재한다. 우리는 그것을 자기돌봄이
라고 부른다. 지금부터 살펴볼 주제이기도 하다.

5장　자기돌봄 '솔루션'

처음 나를 찾아왔을 때 제니가 확실하게 아는 것은 그녀가 지칠 대로 지쳐서 어떤 방식으로든 완화와 재충전이 절실하게 필요하다는 것이었다. 하지만 기분이 나아지기 위해 정말로 필요한 것을 얻는 방법이 무엇인지, 애초에 필요한 것이 무엇인지조차도 전혀 알지 못했다.

하지만 그 사실을 털어놓은 후 그녀의 목소리가 눈에 띄게 변했다. 그녀는 아이러니하게도 더 날카롭고 덜 친절한 어조로 자신을 더 잘 돌보고 "친절하게" 대하기 시작할 계획이라고 말했다. 자신의 욕구와 관련해 더 나아질 필요가 있다고 했다.

첫 번째 만남에서 나는 제니가 10대 때 심각한 복통을 비롯해 여러 쇠약한 증상을 일으키는 희귀한 유전 질환을 진단

받았다는 사실도 알게 되었다. 하지만 의사들의 설명에도 불구하고 부모는 딸의 상태를 무시했다. 그들은 제니의 고통이 전부 상상으로 만들어낸 것이라고 확신했다. 제니가 배가 아플 때마다 어머니는 유난 떨지 말라고 하면서 관심을 필요로 하는 그녀를 비난했다. 결과적으로 제니는 평생 아무것도 필요로 하지 않으려고 노력했다. 무엇보다도 관심을 필요로 하지 않기 위해 노력했다.

이제 결혼한 제니는 부모가 그랬던 것처럼 그녀의 고통을 무시하거나 그녀를 비난하는 남자를 선택했다. 놀랍지 않은 일이었다. 그녀가 아파할 때마다

남편은 "다른 것에 집중해 봐"라고 말했고 그녀가 무엇을 잘못해서 고통이 생겼는지를 끊임없이 상기시켰다. 역시나 제니가 남편에게 받은 메시지는 그녀의 고통은 자신의 책임이라는 것이었다.

서른아홉의 나이에도 제니는 진정한 위로나 보살핌을 한 번도 받아본 적이 없었다. 그녀가 감정적인 욕구를 드러내려고 할 때마다 거부당했고 정당하지 않거나 그녀의 잘못이라고 비판받았다. 내가 그녀를 처음 만났을 때 그녀의 영혼은 부서져 있었고 그녀는 스스로 돌볼 가치가 없는 사람이라고 생각했다. 사람들은 고통을 사랑하지 않으며 무엇보다 고통은 그녀를 사랑받지 못하는 사람으로 만들었다. 지금껏 한 번도 제

대로 충족된 적이 없는 공감과 편안함에 대한 제니의 욕구는 오랫동안 수치심과 함께 거절당했고 이제 그녀는 그 누구보다 자신을 강력하게 비판하는 사람이 되어 있었다.

어떻게 하면 기분이 좋아질지 도저히 알지 못했던 제니는 도움이 되기를 바라며 자기돌봄에 의지하기 시작했다. 실제로 그녀는 기분이 나아지게 해주는 많은 방법을 발견했다. 명상 스파, 목욕, 옷 스타일 변화 등이었다. 여러 프로그램에도 등록했다. 자신을 소중하게 여기는 법을 배우는 것이었다.

3개월 후 첫 번째 자기돌봄 치료 프로그램을 마친 그녀는 파스텔톤의 세련된 옷을 입고 스타일을 바꾸었다. 예전보다 몸이 가벼워지고 자신의 몸에 대해 잘 알게 되었고 더 차분해 지고 옷도 잘 입게 되었다. 체중도 2킬로그램이나 빠졌고 자신감도 커졌다. 확실히 긍정적인 변화가 분명했다.

몸도 마음도 가벼워지고 차분해졌지만 제니는 여전히 그녀의 고통에 대해 외로움과 죄책감을 느꼈다. 여전히 그녀의 감정은 인정받지 못한 채 버려져 있었다. 솔직하게 마음을 드러내도 비판이 아니라 공감을 받을 수 있는 심리적으로 안전한 장소를 갈망했다. 그녀는 여전히 자신의 욕구에 수치심을 느꼈고 자신이 그렇게 약하고 절박한 사람이라는 사실에 화가 났다.

제니가 자신에게 제공한 자기돌봄은 그녀의 진정한 자아

나 욕구와 연결되어 있지 않았기 때문에 깊은 수준에서 그녀를 돌봐주지 못했다. 그녀 자신에게서 나온 자기돌봄이 아니었던 것이다. 그녀의 진정한 갈망이나 경험을 고려하지 않은 해결책이었다. 그녀가 삶에 추가한 것들은 전부 좋았지만 그 무엇도 감정적 소진을 일으킨 거부되고 버려진 욕구를 다루지 않았다. 그녀 자신과의 관계를 치유해 주지도 못했다. 많은 여성과 마찬가지로 제니가 스스로에게 제공한 치유는 개인의 욕구를 고려하지 않은 일반적이고 천편일률적인 처방에 불과했다. 안이 아니라 밖에서 나온 방법이었던 것이다. 몇 달 동안 자기돌봄 산업계의 프로그램에 따라 부지런히 자신을 돌보아 온 제니는 여전히 감정적으로 지칠 대로 지친 상태였다. 산뜻한 파스텔톤으로 포장만 바뀌었을 뿐.

내가 감정적 소진이라고 부르는 것에는 여러 다양한 증상이 포함되는데 명확한 통계는 존재하지 않는다. 그러니 스트레스라는 포괄적인 용어로 오늘날 여성들에게 무슨 일이 일어나고 있는지 살펴보자. 최근 '미국의 스트레스' 보고서에 따르면 23퍼센트나 되는 여성의 스트레스 수준이 8, 9 또는 10에 해당한다. 여기에서 10은 '극심한 스트레스'[1]를 뜻한다. 이것은 내 연구 결과와도 일치한다.

하지만 세상은 걱정하지 않아도 된다고 말한다. 우리를 괴롭히는 것에 대한 해결책, 감정 소진을 치료하는 방법이 있다고. 우리는 그 말에 솔깃 넘어가고 만다.

자기돌봄 산업의 발달

현재 우리가 애정을 담아 자기돌봄self-care이라고 부르는 것은 사실 110억 달러 규모의 산업이다. 스파, 목욕, 물, 피부 관리, 양초, 와인, 에센셜 오일, 꽃, 여행, 음식, 인테리어 디자인 등 상상할 수 있는 거의 모든 소비재 산업으로 상품화된 것이다. 이렇게나 많은 것이 자기돌봄 시장에 지분을 가지고 있다. 2020년 한 연구에서 자기돌봄은 그해 구글에서 가장 많이 검색된 단어로 밝혀지기도 했다.[2]

그런데 현재의 자기돌봄 모델은 어떻게 생겨난 것일까? 이해를 돕기 위해 한발 물러나 이 거대한 운동의 역사를 추적해보자. 스파 치료나 쇼핑 테라피와 연관되기 전에 자기돌봄은 과연 어떤 모습이었을까?

기원전 5세기경으로 거슬러 올라가 소크라테스는 자신을 아는 것의 중요성을 이야기했다. 그는 제자들에게 자신의 생각과 태도, 경험에 주의를 기울이라고 격려했다. 소크라테스는 성찰하지 않은 삶은 살 가치가 없다고 말했다. 그리고 프랑스 철학자 미셸 푸코Michel Foucault는 자신을 아는 것이 자기돌봄의 가장 근본적인 형태라고 주장했다.[3]

소크라테스가 자신을 돌보는 삶에 대해 가르친 지 수 세기가 지난 후, 이상적인 존재 상태에 대한 관심이 희미해졌을 때, 자기돌봄은 의학적 개념에 더 가까워졌다. 1960년대와 1970년대에 자기돌봄은 주로 노인들과 정신질환을 앓고 있는 사람들에게 자율성과 더 나은 삶의 질을 만들어주는 것을 뜻했다. 운동을 비롯해 건강한 생활 습관에 초점이 맞춰졌다. 또한 자기돌봄은 수술 후 환자들을 대상으로 했다. 회복이 성공적으로 이루어질 수 있도록 환자들에게 자신을 돌보는 방법을 가르치는 것에 초점을 맞추었다.

그 후 자기돌봄은 단지 환자들뿐만 아니라 의료 종사자들, 특히 고위험군 또는 감정적인 소모가 큰 직업군에 종사하는 사람들을 위한 것으로 변형되었다. 자기돌봄은 돌봄 직종에 종사하는 사람들이 그들의 안녕을 위해, 소진과 스트레스를 피하기 위해 필요한 것으로 이야기되기 시작했다. 신체뿐만 아니라 정서적으로도 괜찮지 않으면 다른 사람들을 돌볼 수 없다는 생각이 그렇게 시작되었다.

자기돌봄 모델은 인권과 여성 해방 운동에 대응하여 또 변신을 거듭했다. 이번에는 개인을 넘어 정치 및 권력과 연관 지어졌다. 좋지 못한 건강은 빈곤과 관련이 있었고, 따라서 건강은 인종, 성별, 계급, 성적 지향의 권력 구조를 타파하는 데 필요한 요소가 되었다. 건강의 불평등은 불평등의 가장 비인간적인 형태로 여겨졌다. 따라서 모든 사람이 건강해 질 기회가 없으면 그 어떤 일도 일어날 수 없고 그 어떤 권력 구조도 바뀔 수 없다. 이러한 운동이 일어나는 동안 자기돌봄은 시위의 한 형태가 되었다. 사람들에게 힘을 주고 사회의 부당함에 대항하는 방법이 된 것이다.[4]

그러나 20세기 후반에 또 다른 변화가 일어났다. 자기돌봄이 전통적인 서양 의학 모델의 확장으로서 건강의 맥락에서 사용되기 시작한 것이다. 인간의 몸과 마음에 대한 보다 통합적인 태도가 필요하다는 생각이었다. 병이 생기면 치료하기 위해 의사를 찾는 것이 아니라 자기돌봄을 통해 건강을 미리 지킬 수 있다. 건강과 자기돌봄은 불가분의 관계에 있었다. 자기돌봄이 예전과는 달리 가볍고 긍정적인 분위기를 띠게 된 것도 바로 그 시점이었다. 피트니스는 보통 사람들이 실천하는 자기돌봄의 한 형태가 되었고 헬스 클럽이 널리 퍼지고 동양의 요가가 일상에 스며들기 시작했다. 직원들의 건강과 생산성을 위해 자기돌봄이 점점 더 중요해짐에 따라 웰니스 센터는 기업 구조의 일부가 되었다.

그리고 9·11 테러가 일어났다. 외상 후 스트레스 장애PTSD라는 용어가 문화 속의 주류 담론으로 자리 잡기 시작했다. PTSD는 오래전부터 정신 건강 관리 분야에서 전쟁터에서 돌아온 군인들을 중심으로 다뤄온 질병이지만, 쌍둥이 타워가 무너진 후 PTSD는 전례 없는 강도와 중요성을 띠게 되었다. 자기돌봄은 트라우마 치료사, 응급구조사, 사회복지사를 비롯해 사람들을 돌보는 직업에 종사하는 모든 이들에게 필수적인 것이 되었다. 다른 사람들을 돌보는 것에서 생기는 연민 피로증과 정서적 소진을 예방하기 위한 필수적인 요소로 여겨졌다.[5]

21세기로 접어든 지금 첨단 기술이 보편화되고 우리의 가치관도 변화하고 있다. 우리의 삶은 점점 더 생산성에 초점을 맞춰 돌아간다. 물론 그 과정에서 부를 창출하는 것이 목표이다. 자기돌봄도 시대의 변화에 맞추어 사람들의 생산성을 높여주겠다는 약속을 하고 있다. 자기돌봄을 실천하는 직원은 더 나은 직원이 될 것이고 따라서 더 많은 부를 창출할 것이라고.

우리의 삶은 점점 더 새로운 제품과 경험을 얻는 것에 집중하고 있다. 우리는 기분을 더 좋게 하고 행복하게 만들어주리라고 생각되는 것을 사들인다. 이제 자기돌봄은 평온함과 활기를 되찾게 해주고 더 중요하게는 풍요롭고 나은 삶을 살 수 있다고 약속한다.

효과 없는 자기돌봄

오늘날 우리는 우리를 돌보고 건강하게 만들어주려고 나온 수십억 달러 치의 제품과 서비스를 선택할 수 있다. 전례 없는 속도로 이러한 제품을 구매하고 서비스를 이용한다. 하지만 우리는 여전히, 아니 그 어느 때보다 심하게 스트레스를 받고 지친다. 우리는 웰빙을 사지만 건강하지 않다. 왜 그럴까? 이 자기돌봄 모델에 무슨 문제가 있는 걸까? 왜 우리를 돌보지 않는 걸까?

사실 자기돌봄이나 그 처방에는 아무 문제가 없다. 초콜릿 마사지팩이나 라벤더 양초가 무슨 잘못이겠는가? 거품 목욕도 단점보다 장점이 훨씬 더 많다. 문제는 우리가 아니고 우리가 현재의 자기돌봄 모델을 활용하는 방법도 아니다. 문제는 이 자기돌봄 시스템이 표면적으로만 만족스럽고 일시적인 진정 효과를 줄 뿐 우리를 괴롭히는 것에 대한 잘못된 치료법이라는 것이다.

하지만 자기돌봄은 단순히 불충분하고 부적절한 치료법이 아니다. 만약 문제가 그것뿐이라면 별로 심각한 상황도 아니었을 것이다. 더 크고 심각한 문제는 현재 우리가 사용하는 방식의 자기돌봄이 우리의 감정적 소진을 치유한다고 주장하면서 실제로는 오히려 악화시킨다는 것이다.

늘어난 부담

자기돌봄은 우리의 할 일 목록에 들어가게 되었다. 다시 말해서 우리에게 수치심을 안겨줄 수 있는 폭탄이 하나 더 추가된 셈이다. 자신을 제대로 돌보고 있는가? 정말로 자신을 충분히 챙기고 있는가? 그렇지 않다면 그래야만 한다. 이것은 우리가 다른 사람들로부터 그리고 머릿속에서 끊임없이 듣는 말이다. 자기돌봄은 우리가 더 나은 사람이 되기 위해 수행해야 하는 또 다른 책임이 되었다. 자기돌봄은 우리가 자신에게 관심을 기울인다는 것을 성공적으로 증명하는 또 다른 방법이다. 아이러니하게도 여성들은 자신의 자기돌봄은 물론이고 주변 사람들의 자기돌봄까지 챙겨야 하는 일을 추가로 맡게 되었다. 만약 우리가 그 일을 충분히 잘 해내지 못하면 우리가 탓할 사람은 자신밖에 없다.

동시에 자기돌봄은 정신적인 개념이 되었다. 우리 자신이나 자기돌봄의 본능과는 별개의 생각이 되어버린 것이다. 이제 자기돌봄이라는 개념 자체는 그 유기적인 원천인 자아로부터 떨어져 나갔다. 몸이 움직이는 것을 느끼고 싶어서 달렸을 때 분비되는 기분 좋은 엔도르핀은 건강에 좋다는 이유로 의무감에서 달리는 것과 다른 효과를 낸다. 우선 우리는 달리기의 표면적인 의미 때문이 아니라 정말로 순수하게 원해서 동기부여가 이루어질 때 밖으로 나갈 가능성이 훨씬 더 크다. 의무적으로 해야만 한다고 생각한다면 운동화도 신지 않고 소파에만 앉아 있게 될 것이다. 하지만 밖으로 나가더라도 자기돌봄은 우리가 해야 할 일 목록에서 지워야 하는 또 다른 과제가 될 뿐이다. 자신을 제대로 돌보는 책임감 있는 여성이라는 정체성을 확인하는 일이 되어버린다. 이상하게도 자기돌봄이 인기를 얻을수록 그 봉사 대상인 자아와의 연결이 느슨해진다. 우리는 자기돌봄을 신뢰할 수 있는 전문가들에게 맡겼다. 그들이 우리에게 효과적으로 자신을 돌보는 방법을 기꺼이 알려줄 것이다. 우리는 의무적으로 그들의 지혜를 따른다. 그 과정에서 우리의 가장 기본적인 직관, 가장 깊은 지식, 즉 자신을 돌보려는 원동력과 그 방법을 아는 지혜가 방해를 받는다. 그것들이 없으면 자기돌봄에 진정성이 있을 수 없다.

현재 우리와 자기돌봄의 관계에는 또 다른 의무가 얽혀 있어 우리에게 정말로 필요한 것을 충족하기가 더욱더 어렵다. 간단히 말해서 우리는 웰니스 밈, 에센셜 오일 디퓨저, 유자차, 트럭 한 대 분량으로 사서 마시는 산소 칵테일 같은 것이 우리를 건강하게 만들어주리라고 믿는다. 그래서 과일 마스크 팩을 한 다음에 캐시미어 담요를 덮어도 만족하지 못하고 재충전되지 않는다면 자신에게 문제가 있는 것이 틀림없다고 생각한다. 안타깝게도 자기돌봄은 우리가 부족한 존재이고 주어진 것으로 만족하지 못하는 것에 죄책감을 느끼게 하는 방법이 되었다.

하지만 우리가 지금 투자하고 있는 자기돌봄의 방법에 만족하지 못하는 이유는 단순하다. 그것들이 우리의 진정한 욕구를 충족해 주거나 소진의 근본적인 이유에 영양분을 공급해 주지 못하기 때문이다. 그런데도 우리는 벌거벗은 임금님이 옷을 입었다고 믿는 것처럼 그것들이 우리에게 필요한 것이라고 계속 믿고 그렇게 행동한다.

잠시 잊게 해줄 뿐

자기돌봄 전략은 대부분 근본적인 문제에 단기적인 증상 완화와 표면적인 해결책만을 제공한다. 물론 거품 목욕을 할 때는 기분이 좋아진다. 온몸이 나른해지면서 그날의 걱정도 저 멀리 사라지는 것처럼 느껴진다. 스스로를 챙기는 모습에 뿌듯하고 기분이 좋아질 수도 있다. 하지만 얼마 가지 않아서 우리는 또 지친다.

효과가 일시적이다 보니 우리는 또 자기돌봄을 시도한다. 각종 조언과 제품, 프로그램, 나에게 필요한 것을 나보다 더 잘 아는 전문가를 계속 찾는다. 결국 자기돌봄 산업은 우리가 계속 답을 찾으려 하고 고치고 싶은 무언가를 잠시 잊고 싶어 한다는 점을 노린다.

알코올, 마약, 섹스, 쇼핑, 운동 등 모든 중독은 우리가 진짜 문제를 일시적으로 피할 수 있게 해준다. 자기돌봄 전략도 잠깐 우리의 기분을 좋게 만들어 문제를 잠시나마 잊게 해준다.

자기 개선이 제공하는 단기적인 완화 효과는 중독처럼 해롭지는 않지만 그런 해결책은 우리가 자신의 욕구와 관련하여 마주하는 더 깊은 문제들을 해결하는 임무를 제대로 수행하지도 못할뿐더러 우리가 느끼는 더 깊은 단절감에서 잠시 주의를 딴 데로 돌리는 데 그친다. 기분 좋은 웅성거림으로 잠시 우리를 불러 세우는 것이다. 결국 이런 자기돌봄 시스템은 우리를 편안하게 해주고 극진하게 대해주고 바쁘게 해주지만 우리가 정말로 필요로 하는 것과는 완전히 동떨어져 있다.

끝없는 탐색

상품화된 자기돌봄 시스템에는 또 다른 문제가 있다. 이 자기돌봄은 우리가 삶을 보완하기 위해 돈을 주고 구매하여 행하거나 경험하는 물건이다. 다시 말하자면 우리가 우리 자신에게 추가하는 것들이다. 앞에서도 말했지만 이 전제에 따르는 문제점은 끝없이 계속 무언가를 찾게 만든다는 것이다. 우리는 내면에 부족한 것을 채우기 위해, 이름 모를 결핍을 채우기 위해 항상 외부에서 무언가를 찾으려 한다. 나를 돌봐준다고(그리고 완전하게 해준다고) 약속하는 제품과 서비스가 끊이지 않고 공급되므로 딸기향 목욕 스펀지만 있으면 내가 느끼고 싶은 감정을 느낄 수 있다고 생각한다. 아직 나에게 딱 맞는 완벽한 강사와 수업, 바디 트리트먼트, 플라워 요법, 에센셜 오일을 찾지 못했지만 앞으로 계속 찾아보면 된다고.

이렇게 끊임없는 탐색 속에서 있는 그대로의 자신으로는 완전한 존재가 될 수 없고 만족도 할 수 없다는 믿음이 굳어진다. 그리고 주인공이 나인데도 나에게 필요한 것을 가장 잘 아는 전문가는 내가 아니라 다른 사람이다. 우리가 찾은 답이 아무리 만족스럽지 못하고 일시적이며 부적절하더라도, 우리는 자신에게 필요한 것을 찾아 사방을 뒤진다. 딱 하나, 우리의 내면만 빼고.

근본적인 행복이 외적인 것에 의존한다고 믿으면 마법의 해결책을 찾고자 끊임없이 바깥쪽으로 주의가 향한다. 결과적으로 자신이 목적지라는 인식 자체가 사라진다. 우리는 오로지 출발지가 될 뿐이다. 그래서 나에게서 떠난다.

태어날 때부터 교육받은 이 외적인 사고방식은 궁극적으로 우리를 자신의 직관, 즉 타고난 지식과 단절시키고 소외시킨다. 우리는 가장 신뢰할 수 있는 안내자로부터 멀어지게 된다. 나를 돌보는 가장 좋은 방법을 내가 가장 잘 아는데도 그 힘을 포기하기에 이른다.

이것은 현재의 자기돌봄 시스템이 초래하는 미묘하고 은밀한 결과이기도 하다. 나를 돌보는 방법을 가장 잘 아는 권위자를 계속 외부에서 찾게 한다. 엄연히 내 안에 자리하는 권위를 외면하고 거부한다. 결과적으로 우리 모두는 불안감을 느끼고 자신의 지혜와 진실로부터 단절된다. 자신을 신뢰하지 않는다. 나에게 필요한 것에 대해 내가 아닌 다른 사람들과 상의하는 것을 멈추어야 비로소 자신을 돌볼 수 있다는 사실을 믿지 않게 된다.

궁극적인 자기 개선 프로젝트 : 나

자세히 들여다보면 자기돌봄의 기본적인 가정은 터무니없다. 자신에게 친절해야 한다는 사실을 일깨워 주는 것이 합리적인 일이라는 것 말이다. 마찬가지로 우리가 자신의 관심을 받을 자격이 있다고 스스로에게 말하는 것이 허용된다는 것 또한 터무니없다. 세상은 자기돌봄을 위해 기억해야 할 내용을 메모해야 하는 시스템을 만들었다. 실행 방법을 지시하는 새로운 산업을 탄생시켰다. 놀랍게도 모두가 이 방법을 받아들이고 이용한다. 하지만 자신이 돌볼 가치가 있는 존재라는 확신이 필요하다는 것부터 전혀 합리적이지도 않고 용납되지도 않는 주장이다. 자기돌봄의 가장 근본적인 측면은 자신을 돌보는 것인데 이러한 주요 동인이 제거된 채로 자기돌봄이 상업 생태계에 맡겨졌다는 사실도 용납되지 않기는 마찬가지다.

어떤 사람들에게 자기돌봄은 단순히 8시간 숙면하고 종합비타민을 먹는 것이다. 하지만 여자들은 대부분 자기돌봄 하면 자기 개선이라고 생각한다. 기분이 좋아지기 위해서가 아니라 더 나은 내가 될 수 있다는 이유로 온갖 자기돌봄 프로젝트를 시작한다. 1장에서 이야기했던 호감도의 감옥을 기억하는가? 자세히 보면 자기돌봄은 그 감옥을 견고하게 하고 감옥의 작동 원리에 기여한다.

자기돌봄 제품과 서비스는 자신에게 주는 선물로 마케팅된다. 하지만 그 마케팅 아래에는 있는 그대로의 나를 받아들이면 안 되고 지금의 모습을 허용하면 안 된다고 일깨우는 미묘한 메시지가 자리한다. 자신을 받아들이기 위해서, 단순히 세상에 존재하기 위해서 우리는 끝없이 계속 뭔가를 해야만 한다.

우리 여자들은 어릴 때부터 끝없는 자기 개선의 여정을 시작하는 법을 배운다. 우리가 계속 발전하는 것은 우리 자신을 위한 일이다. 더 나은 내가 되고 싶은 것은 당연한 일 아닌가? 만약 우리가 더 나아지려고 노력하는 것을 멈춘다면 자신과 다른 사람들을 실망시키고 최고의 자아가 되어야 하는 임무에 실패할 것이다. 하지만 최고의 자아는 '지금의 내가 아닌 사람'을 뜻하는 암호와도 같다. 여성에게 살아 있다는 것은 더 나은 사람이 되려는 투쟁이다. 그리 미묘하지 않은 수준의 자기돌봄은 더 똑똑하고 달콤한 냄새를 풍기고 더 큰 힘을 실어 주는 것 같지만 사실은 그저 오래된 메시지의 반복이다.

현실을 위한 치료법

하지만 자기돌봄의 암묵적인 약속은 만약 그것을 충분히 하고 정말로 자신을 잘 돌본다면 좋은 삶이 보장된다는 것이다. 하지만 뜻밖의 사실은 이것이다. 그 좋은 삶이란 나쁜 일이 일어나지 않는 삶이다. 자기돌봄 산업은 고통으로부터 우리를 보호해 주겠다고 미묘하게 제안한다. 이처럼 자기돌봄은 적어도 우리가 제대로만 한다면 삶이 힘들지 않을 거라는 문화적인 확신과 얽혀 있다.

하지만 바로 그 점이 잘못되었다. 원래 삶은 힘들고 시련이 따르기 마련이다. 아무리 진정 효과가 뛰어난 꿀 목욕을 해도 인생의 진리를 피할 수 없다. 그 누구도 인생의 큰 도전과 상실을 피해갈 수 없다. 오늘날의 자기돌봄은 삶이 캐시미어의 감촉처럼 부드럽고 유명인의 소셜 미디어 게시물처럼 화려하고 갓 구운 빵 냄새를 풍기는 순탄한 길이라는 잘못된 믿음과 연결되어 있다. 자기돌봄의 의식은 즐겁고 때로는 강력하지만, 일시적으로 우리를 진정시켜 줄 뿐 삶이 가하는 깊은 상처를 없애주지 못하고 현실과의 싸움에서도 승리를 보장해 주지 못할 것이다.

하지만 사실 우리는 외부 활동이나 치료에서 영양분을 공급받기도 한다. 유익한 효과가 빠르게 사라져 버려서 계속 더 찾게 만들지만 그 진정 효과는 여성의 욕구에 대해 많은 것을 드러내 준다. 다음 장에서는 이 질문에 답할 것이다. 자기돌봄이 성공했을 때 무엇을 제공하는가? 영양을 공급하는 자기돌봄의 실제 영양분은 무엇인가?

무엇이 우리의 감정적 소진을 치유하는지 이해하면 소진 그 자체를 더 잘 이해할 수 있다. 게다가 우리는 마법의 약이 아니라 근본적인 원인을 치유하는 것을 목표로, 여성들에게 실질적이고 지속 가능한 완화와 재충전을 제공하는 새로운 자기돌봄 시스템을 구축할 수 있다.

6장 더 깊은 욕구의 문을 열어주는 자기돌봄

자기돌봄 산업에 자체적인 결함이 있다는 사실은 분명하다. 하지만 효과적인 외부적 자기돌봄의 특정한 형태는 검토할 가치가 있다. 여기에서 외부적인 자기돌봄이란 외부에서 오는 치료나 경험을 말한다. 우리가 스스로에게 제공할 수 없는 것이다. 마사지 요법은 외부적 자기돌봄의 효과적이고 치유력 강한 형태로 자주 인용된다. 나도 그 이유에서 마사지 요법을 연구하기로 했고 수십 명의 여성과 만나 '마사지 테이블'에 누운 경험에 대해 인터뷰했다.

분명하게 말하자면 나는 마사지(또는 다른 치료법)를 추천하지 않는다. 비용 때문에 마사지를 이용할 수 없는 사람들이 많다는 것도 잘 알고 있다. 단지 마사지 경험의 효과를 바탕으로 우리가 진정으로 원하고 필요로 하는 것이 무엇인지 밖이 아니라 안에서 살펴보려고 한다. 궁극적으로 우리가 자신에게 또는 자신으로부터 제공받을 수 있어야 하는 것이 무엇인지를 조사하는 출입구로 활용하려는 것이다. 나는 마사지를 받는 동안 우리에게 일어나는 유익한 회복 과정을 분석하고 깊이 이해하고자 했다.

마사지 같은 신체 활동이 별로 끌리지 않는다면 자신에게 잘 맞고 필요한 형태의 자기돌봄이 무엇인지 생각해 보라. 형태는 중요하지 않다. 정말로 자신을 돌보고 회복되는 듯한 느낌이 들어야 한다.

마사지 분석하기 : 마사지를 받아본 여성들의 말

마사지 치료사의 작업은 우리 몸에 손을 얹는 것으로 시작한다. 우리는 여전히 머릿속이 어지러운 상태에서 그녀가 언제 실제로 마사지를 시작할 것인지, 아니면 별로 하는 것도 없는 것 같은데 비용이 왜 그렇게 비싼지 같은 것들이 궁금해질 수 있다. 하지만 곧 생각은 사라지고 우리는 그녀의 손과 우리 안에서 일어나는 신체적인 감각의 움직임을 의식하게 된다. 주의가 목 아랫부분으로 향하고 몸이 그에 반응하여 우리가 지시할 필요도 없이 스스로 숨을 내쉰다. 근육을 다루기도 전부터 기분이 나아질지도 모른다. 보살핌을 받는 것처럼 느껴질 수도 있다.

이제 마사지 치료사는 우리가 굳이 부탁하지 않아도 절대로 서두르지 않는 사려 깊은 움직임으로 압력을 가하기 시작한다. 그 시간 동안 우리는 무슨 일이 일어나고 있는지 또는 왜 그런지 이해하려고 노력하지 않는 채로 직접적인 감각을 경험하고 내면에 온전한 주의를 기울이게 된다.

어느 순간 오래된 습관으로 다시 돌아가는 자신을 발견할 수도 있다. 한동안 즐기던 침묵을 깨뜨리고 나에게서 치료사에게로 관심을 옮기는 것이다. 나에게 긍정적인 경험을 주기 위해 마사지를 해주고 있는 치료사에게 피드백을 제공하려고 할지도 모른다. 그동안 학습한 대로 행동하려는 것이다. 하지만 그러고 싶을 때마다 다시 침묵을 되찾고 자신에게로 돌아가야 한다. 지금 이 순간은 나를 위한 것이고 그저 받기만 해야 하는 순간임을 기억하라. 다시 자신의 경험으로 주의를 돌릴 수 있다면 몸뿐만 아니라 마음, 정신 등 나의 모든 것에 진정한 회복이 이루어질 것이다. 결과적으로 마사지가 끝나면 진정으로 보살핌을 받고 필요가 충족되었다는 느낌으로 마사지 테이블을 떠날 수 있을지도 모른다.

그렇다면 이런 질문을 하게 된다. 이렇게 강력한 경험에서 과연 무슨 일이 일어나는 것일까? 무엇이 우리에게 양분을 주어 회복에 이르게 하는 것일까?

몸의 개운해지는 느낌도 좋지만 육체적인 이완 아래에 존재하는 진짜 영양분은 무엇일까? 알고 보면 우리를 진정으로 보살피는 경험에는 한결같이 수많은 회복적인 요소가 들어 있다.

회복의 비밀

진정한 내가 있는 곳으로의 초대. 여성들과 대화를 나누다 보면 머릿속에서 벗어나고 싶은 강력한 바람과 욕구가 느껴진다. 이것은 자신을 잃어버리고 싶다는 비유이기도 하다. 회복적인 자기돌봄은 우리의 관심이 생각, 계획, 관리, 해결, 할 일 끝내기로 바쁜 마음에서 벗어나 직접적인 감각의 세계로 빠져드는 기회를 제공한다. 효과적인 자기돌봄은 현재의 순간으로 들어갈 수 있게 해준다. 과거와 미래에 대한 생각에서 벗어나 현재에 머무르게 해주는 것이다. 본질적으로 우리의 삶에 대해 생각하는 것에서 그것을 직접 경험하는 것으로 옮겨가는 단계이다.

그런 순간에는 멈출 기회가 주어진다. 평소 습관적으로 하는 실행과 성취를 중단해도 좋다. 무언가를 더 많이, 더 낫게 만들어야 하는 생산성의 쳇바퀴에서 벗어나 그저 현재에 머물

러도 된다는 허락이다. 알고 보면 결국 우리가 삶에서 필요하고 갈망하는 것은 '더 많이'가 아니라 '더 적게'인 것이다.

귀한 침묵. 여성들은 모든 생각과 행동으로부터의 휴식을 원할 뿐만 아니라 침묵의 가치를 알고 또 침묵을 갈망한다. 흔히 말하듯 그 바람은 우리가 보통 씨름하는 머릿속의 생각과 소음의 불안정한 폭격을 받지 않고 관여하지도 않고 싶다는 뜻이다. 침묵과 함께 깊은 안도감과 회복이 찾아온다. 마음과 몸과 영혼이 사막을 한참 걸은 후에 만난 오아시스처럼 고요함 속에 잠긴다.

실제로 우리가 경험하는 침묵은 소리의 부재에서 우리의 모든 존재가 듣고 쉬고 싶어 하는 그 자체의 소리로 변화한다. 침묵이 끝난 지 한참 후에도 여전히 그것과 이어진 것처럼 느낄지도 모른다. 심지어 소리 사이의 침묵을 알아차리기 시작할 수도 있다. 이것은 재충전의 과정이 계속 이어지도록 도와준다. 고요함은 무척이나 단순한 경험이지만 치유 효과가 대단히 뛰어나서 우리의 몸과 마음, 영혼이 가장 갈망하는 것이기도 하다. 우리가 감정 소진 상태에서 활력을 회복하기 위해 꼭 필요하고 중요한(하지만 종종 간과되는) 요소이다.

자신에게 쏟는 관심. 물론 다른 사람에게 돌봄을 받는 것도 매우 훌륭한 경험이다. 하지만 우리가 자신을 돌보고 산만함이나 죄책감 없이 온전히 자신에게만 집중하고 함께하는 시간은 더할 나위 없이 더 훌륭한 기회가 된다. 가장 성공적인 자기돌봄은 자신과 함께 시간을 보내면서 온전한 관심을 쏟을 수 있는 시간으로 우리를 초대한다. 그 무엇도 그 누구도 돌볼 필요 없이 자유롭게 자신에게만 집중할 수 있는 기회는 대부분의 여성들에게 매우 드물지만 그만큼 강력한 치유 효과가 있는 시간이다.

받는 시간. 형태를 막론하고 모든 성공적인 자기돌봄의 핵심은 순전히 받는 시간이라는 것이다. 좀 더 구체적으로 말하자면 나도 주어야 한다는 생각 없이 그냥 받기만 한다. 효과적인 자기돌봄은 다른 사람들의 욕구에 관한 의무감에서 자유로워지는 시간을 선사한다. 전적으로 나만을 위한 무언가를 경험하도록 초대하는 것이다. 정신적이고 정서적인 재충전의 근원이자 대체 불가능한 요소가 바로 '받음'이라는 경험이다. 당연한 것처럼 느껴지겠지만 그만큼 중요하니 여러 번 강조해야겠다. 돌봄을 받아들여야만 돌봄을 받는다고 느낄 수 있다.

정말로 원하는 것. 하지만 자기돌봄의 회복 효과를 내는 가장 강력한 요소는 아주 단순하기도 하다. 우리가 실제로 원하는 것이라서 욕구가 충족되는 것이다. 자기돌봄은 그 가치를 스스로가 납득할 필요가 없어야만 효과가 있다. 자기돌봄의 행위를 재구성하거나 맥락화하거나 더 큰 목적을 부여함으로써 스스로 원하게 만들어야만 할 필요가 없어야 한다. 우리나 다른 사람들에게 좋은 일로 만들려고 힘들게 머리를 이리저리 굴려서 합리화시킬 필요가 없어야 한다는 뜻이다. 궁극적으로 그것이 내가 원해야만 하는 것이라고 확신할 필요가 없어야 한다. 우리가 여자로서 하는 일은 대부분 의무감에 의해 동기부여가 이루어진다. 그러나 진정한 자기돌봄의 경험은 명확하고 직접적인 욕구에서 비롯된다. 그것은 논쟁의 여지가 없으며 단순한 생각과 책임 또는 요구보다 더 크다. 사실 우리 자신보다 더 크다. 의무감이 아닌 욕구가 우리를 움직인다. 자기돌봄의 경험은 우리가 하는 대부분의 일과 달리 우리가 실제로 하고 싶어서 하는 일이라서 매우 강력한 재충전 효과를 낸다.

층을 벗겨서 살펴보면 성공적인 자기돌봄은 종종 우리 자신조차 몰랐던, 진정으로 필요한 무언가를 경험하는 심오한 기회를 제공한다는 것이 분명하다. 게다가 어떤 행동에 자기돌봄을 부여하는 근본적인 요소들에는 놀라울 정도로 일관적인 특징이 있는 것으로 밝혀졌다. 공통적인 특징이 나타나는 무수한 이유 덕분에 우리의 몸과 마음, 정신, 감정, 영혼이 회복된다. 그 이유들은 우리가 내면의 어디에 주의를 기울이고 돌봐야 하는지 가르쳐준다.

스파는 필요 없고 내가 필요하다

다시 한번 말하지만 나는 마사지를 비롯한 치료법을 팔거나 할 일 목록에 뭔가를 또 추가해야 한다고 말하는 것이 아니다(그런 것은 구글 검색을 이용하면 된다). 외적인 자기돌봄의 형태도 매우 즐겁고 이로울 수 있지만 감정적 소진 상태를 정말로 치유하고 싶다면, 실질적이고 지속 가능한 해결책을 찾고 싶다면, 우리의 안녕을 위해 마사지 같은 외적 경험이나 다른 사람, 제품에 의존하면 안 된다. 진정한 자기돌봄은 안에서 시작되는 행동이다. 삶에 어떤 도구나 사치품을 추가하지 않고 일상생활에서 매일 우리가 스스로를 돌볼 수 있어야 한다. 물론 기분이 좋아지는 제품이나 서비스를 이용할 수도 있지만—안 될 이유가 없다—그것들이 지친 마음의 진정한 해답이라고 생각하지 마라. 궁극적으로 자기돌봄은 내가 나에게 안정적으로 줄 수 있는 것이어야 한다. 내 안에서 비롯되어야 한다. 결국 자기돌봄은 어떤 활동이나 물건이 아니라 내가 만들고 가꾸는 나와의 관계이기 때문이다.

자기돌봄을 좌지우지하는 결정적인 요소가 하나 있다면

바로 이것이다. 친절하고 수용적인 자세로 나와 함께 시간을 보내고 실제로 나를 돌보려는 의지말이다. 정말로 필요한 것을 얻으려면 지금까지 배운 욕구를 대하는 방식부터 바꿔야 한다. 마사지도 좋지만 스파가 문을 닫았을 때도 재충전을 위해 필요한 모든 것이 이미 내 안에 있다는 사실을 깨달아야 한다. 진정한 자기돌봄에 꼭 필요한 요소들은 이미 우리 안에 존재한다.

습관과 자신에 주의를 기울여라

자신을 돌보는 사람이 되기 전에 먼저 내가 나를 돌보지 않고 있다는 사실부터 알아차려야 한다. 앞으로 다르게 살고 싶다면 지금 다르게 사는 것부터 시작해야 한다. 현재 행동과 패턴에 눈을 떠야 한다는 뜻이다. 평소 내 주의가 어디로 향하는지 살펴보는 것부터 시작하라. 평소 우리가 습관적으로 주의를 기울인다는 것을 알아차려야 한다. 어떤 대상에 주의가 향한다는 것은 그것이 중요하다고 말하고 가치를 부여하는 것과 같다는 사실을 기억하자.

우리 여자들의 주의는 끊임없이 다른 사람들에게 향한다. 그들의 상태를 궁금해하고 초조해하며 내 상태가 편안한지보다 남들이 나를 편안하게 느끼는지를 더 신경 쓴다. 여자들은 모든 것과 모든 사람에 주의를 기울여야 한다고 배웠다. 단, 자신을 제외한 모든 것과 모든 사람이어야 한다. 자신에게 주의를 기울이는 것은 자신 역시 중요한 존재라고 말하는 것이므로 이기적인 일이 된다.

그러나 일단 이 습관을 알아차리면 안을 버려둔 채 밖으로 향하는 사고방식을 바꿀 수 있다. 알아차림과 함께 지금까지 학습된 패턴을 재설정하여 나의 경험도 관심받을 가치가 있음을 알게 되고 실제로 관심을 기울이기 시작한다.

자신에게 주의를 기울인다는 것이 이기적이거나 무의미하거나 완전히 잘못된 일처럼 들릴지도 모른다. 하지만 꼭 필요한 일이다. 죄책감이나 수치심 없이 자신에게 관심을 기울이고 자신을 돌보는 가장 기본적인 권리를 쟁취하기 전까지는 그 어떤 새로운 일도 일어날 수 없다. 자신이나 세상과의 관계를 바꿀 수도 없고 진정한 자기돌봄도 실천할 수 없다. 우리는 관심의 목적지로 자신을 선택할 때 자신의 생존을 책임지고 자신의 욕구를 돌보는 책임자가 된다.

잠시 멈추고 나에게 주의 기울이기

여자들이 습관적으로 멀티태스킹을 하는 데는 그만한 이유가 있다. 우리는 가끔 버겁게 느껴질 정도로 많은 것을 돌봐야 할 책임을 안고 있다. 우리는 누가 나의 관심이 필요한 지, 내가 또 할 일이 뭐가 있는지, 내가 또 어디에 있어야 하는 지 끊임없이 생각하면서 살아간다. 우리는 지금 이 순간에 온 전히 주의를 기울이며 현재에 머무르는 것은 절대로 불가능하 다는 가정하에 움직인다. 우리의 관심이 필요한 모든 일을 성 공적으로 해내려면 그럴 수 없다. 하지만 이 믿음은 잘못되었 을 뿐만 아니라 우리를 끊임없이 감정 소진에 빠뜨리는 생각 이다.

항상 다른 사람들을 책임지느라고(설령 그것이 자신의 생각 에 불과할지라도) 현재에 머무르지 못한다면 만성적인 감정 소 진에 시달릴 수밖에 없다. 소진 상태를 심오한 측면에서 돌보 고 치유하고 싶다면 지금 여기에 머무르는 것을 허락해야 한 다. 계획하기, 관리하기, 돌보기, 베풀기 등 자신의 기본적인 행동 패턴을 중단해야 한다. 지금 내가 있는 그곳에 그대로 머 무를 때 소진된 에너지가 채워질 수 있다. 게다가 지금까지 배 운 것과 달리 나 이외에 모든 사람을 가장 잘 돌보는 가장 좋 은 방법은 바로 지금 이 순간을 돌보는 것이고 가장 중요한 것 은 그 순간을 살고 있는 나를 돌보는 것이다.

일단 내가 평소 어디에 주의를 기울이는지를 알아차리고 자신과 자신의 경험으로 주의를 되돌리는—나는 이것을 '집 으로 돌아간다'라고 표현한다—요령을 익히는 순간 우리에게

초능력이 생긴다. 정신없이 바쁘고 혼란스러운 마음으로부터 언제든지 잠시 휴식을 취할 수 있고 모두를 챙겨야 하는 정신적으로 피곤한 일에 신경을 끌 수 있다. 그렇게 함으로써 나의 관심과 존재가 나에게 자양분을 제공한다. 원하거나 필요할 때마다 잠시 멈추고 그저 나와 함께 존재하는 쪽을 선택할 수 있다.

안으로부터의 자기돌봄은 우리에게 의식적으로 잠시 멈추라고 요구한다. 신체뿐만 아니라 정신과 감정도 멈춰야 한다. 그리고 평소 돌보는 모든 일에서 잠시 손을 떼야 한다. 한마디로 마음을 근무 중이 아닌 상태로 두는 법을 배워야 한다는 뜻이다. 머리에서 몸으로 주의를 옮겨 가 의식적으로 호흡하고 몸이 존재함을 느끼는 것만으로도 올바른 방향으로 나아갈 수 있다. 머리에서 멀어지는 것이 바로 올바른 방향이다. 이렇게 밖에서 안으로 초점을 바꾸는 이 간단한 선택—의도적으로 가만히 멈추고 안으로 들어가 이 순간의 자신을 경험하는 것—은 자신을 회복하고 재충전하는 심오한 행위이다. 이것이 바로 진정한 자기돌봄이다.

욕구를 느껴라

평소 우리는 수많은 역할에 자신을 비틀어서 끼워맞추며

살아가는데 거기에는 엄중한 대가가 따른다. 특히 자신이 원하는 것에 귀 기울이고 알아차리는 것을 멈추게 된다. 욕구가 우리에게 속삭일 때 듣지 못하고 그 열망을 느끼지 못하고 비명을 질러도 반응하지 않게 된다. 우리는 의무를 외치는 머릿속의 커다란 목소리에만 주의를 기울이는 법을 배운다. 해야만 하고 느껴야만 하는 것만 알아차린다(그리고 그것들에만 주의를 기울인다).

우리는 무엇보다도 의무의 목소리를 소중히 여기라고 배웠다. 하지만 진정한 자기돌봄은 우리에게 머릿속에 가득한 의무가 아니라 내면의 깊은 갈망이라는 감각적인 에너지로 중심점을 옮기고 조정할 것을 요구한다. 안에서 흘러나오는 갈망의 목소리에 귀 기울이고 그 독특한 향기를 맡으라고. 그러려면 자신에게서 흘러나오는 에너지를 존중하고 호기심을 알아채 유지해야 한다. 재충전은 스스로 거부한 뒤에도 여전히 남아 있는 갈망과 새로운 관계를 맺으라고 한다. 의무의 목소리를 계속 따라가다 보면 마음이 지칠 수밖에 없다. 하지만 그것을 느끼고 따를 용기가 있다면 갈망의 목소리가 우리를 불의 근원으로 이끌고 궁극적으로 가장 진정한 자아로 이끌 것이다.

자신이 원하는 것의 구체적인 내용은 중요하지 않다는 사실도 알아야 한다. 자신의 욕구에 집중한다는 것은 원하는 물건을 손에 넣는 것과 똑같지 않다. 그런 결과가 이어질 수도 있고 아닐 수도 있다. 지금 설명하는 과정은 안에서 원하는 경험을 하나의 고유한 실체로 인식하고 친구가 되는 것이다. 이는 단순히 스스로에게 원하는 것을 묻고 욕구가 생겼을 때 알아차리고 받아들이는 습관을 기르는 것을 뜻할 수도 있다.

그러나 궁극적으로는 원하는 물건을 초월해 욕망의 근원, 즉 욕망 자체가 발산되는 곳으로 이동하는 것을 의미한다. 진정한 갈망이 자리한 곳으로 가서 자신에 대해 알고 그 지혜에 접근할 수 있을 때, 그때 우리는 집에 온 것이다. 나만의 성으로 가는 열쇠를 얻은 것이다.

나의 욕구 : 누구의 일인가?

우리는 자신의 욕구를 파악하고 나아가 충족하는 것이 다른 사람의 책임이라고 생각한다. 적어도 어느 정도는 그렇다고 생각한다. 하지만 더 이상 어린아이가 아니라면, 그 책임과 그 특권은 자신의 것이고 어느 정도는 자신만의 것이다. 당신의 욕구가 절대로 다른 사람들에 의해 해결될 리가 없다는 뜻이 아니다. 분명히 그럴 때도 가끔 있을 것이다. 하지만 우리가 바라는 진실이나 설득당한 환상과는 정반대로 자신의 욕구를 직관적으로 파악하고 충족하는 것은(자아를 충족하는 일

또한) 파트너나 친구, 가족, 고용주를 비롯해 그 누구의 일도 아니다. 물론 남이 나의 필요를 돌봐준다면 더할 나위 없이 고마운 일이지만 자신을 돌보고 지탱하는 것은 결국 나의 일이다. 저항이나 분노 없이 그리고 다른 사람의 책임이라고 착각하지도 않고 이 책임을 전적으로 맡을 때 우리는 가장 성숙한 자아로서 자신을 돌볼 준비가 된다.

대부분의 자기돌봄 전략은 행동에 초점을 맞춘다. 욕구를 충족하기 위해 우리가 해야만 하는 일, 자신을 옹호하고 지금과 다르게 행동하는 방법 등이다. 물론 행동도 좋고 꼭 필요하다. 하지만 자신을 돌보는 마음가짐이 되기도 전에 곧바로 행동부터 시작하면 절대로 생략하면 안 되는 기본적인 단계를 건너뛰는 것이다. 내면을 바꾸기 전까지는 그저 겉핥기식의 자기돌봄을 실천하는 것밖에 안 된다. 진정으로 자신을 돌보지도 않으면서 거품 목욕을 하고 자신을 위해 꽃을 사는 꼴이다. 내적인 경험을 건너뛰고 곧바로 외적인 경험으로 옮겨가는 것이다. 자신을 돌보는 마음가짐을 배우는 단계를 건너뛰면 절대로 안 된다.

나에게 필요한 것을 얻는 것은 내적인 작업이다. 현실적으로 자기 자신과의 관계가 달라지지 않으면(그럴 의지가 없으면) 세상과의 관계도 절대로 달라질 수 없다. 내가 돌보려는 대상인 나에 대한 진심 어린 존중과 애정이 싹트기 전까지 나의 지지자가 되는 것은 불가능하다. 간단히 말해서 필요한 것을 먼저 자신에게서 얻어야만 세상으로부터도 얻을 수 있다. 다음 장에서는 그 이야기를 해보기로 하자.

7장   나의 모든 것을 돌보려는 마음

니키는 누구나 부러워할 만큼 멋진 삶을 살고 있었다. 사랑하는 남편과 세 아이가 있고 가족을 돌보고 멋진 집과 가정을 가꾸는 데 헌신했다. 그 결과는 대성공이었다. 니키는 그녀가 가진 모든 것에 대해 깊은 감사를 느꼈다. 하지만 동시에 그녀는 혼란스러웠고 마치 새장에 갇힌 새처럼 삶에 대한 불만이 점점 더 커져만 갔다. 그것이 바로 그녀가 나를 찾아온 이유였다. 니키는 가정의 달콤함을 넘어선 무언가를 갈망했다. 가족과 주변 사람들을 너무도 사랑하고 그들에게 헌신적인 그녀였지만, 타인을 중심에 놓고 그들의 행복을 위해 노력하는 삶을 사는 자신이 아닌 다른 자신을 경험하고 싶었다. 오롯이 자신으로 온전히 살아 있는 느낌을 다시 느껴보고 싶었고 모든 책임을 짊어지느라 사라져 버린 여자를 되찾고 싶었다. 니키는 다른 사람들을 위해서만 존재하지 않고 진정한 자아도 느낄 수 있는 삶을 원했다.

갈망의 흔적이 처음 나타난 것은 벌써 수년 전이었다. 그 갈망은 점점 강렬해졌고 더 자주 느껴졌다. 하지만 니키는 갈망이 드러날 때마다 공격 자세를 취했다. 그 누구도 아닌 자신을 공격했다. 남들이 부러워하는 것을 전부 가졌고 "상상할 수 없을 정도의 특권"을 누리고 있지 않으냐면서 자신에게 화를 냈다. 어느 모로 보나 완벽한 삶인데 감히 또 뭐가 필요하냐고. 도대체 뭐가 문제야? 이렇게 축복받은 인생인데 도대체 왜 만족하지 못하는 거야? 그래서 답은 하나뿐이었다. 그녀가 느끼는 감정을 멈추고 내면의 불평을 멈추고 "터무니없는 생각을 멈추는" 것이었다. 감정은 그녀를 나쁜 사람으로 만들었고 그래서 제거되어야만 했다. 당연한 결과였지만 안타깝게도 감정을 없애자 자아도 사라졌고 문제가 더 심각해졌다.

당신도 니키처럼 자신이 느끼는 감정과 욕구를 터무니없다고 부정할지도 모른다. 자신의 불만을 받아주고 갈망에 귀 기울이면 자신이 얻지 못하는 것에 대해 기분이 나빠지고 자신에 대해서도 기분이 나빠지기 때문이다.

하지만 감정을 비난한다고 기분이 나아지는 것은 절대로 아니며 원하지 않는 감정이 사라지지도 않는다. 오히려 감정이 점점 더 강해져서 우리에게 더 큰 벌을 가하며 자신을 적으로 만든다. 그러면 우리가 이어지기를 갈망하는 자신으로부터 더욱더 단절될 뿐이다. 문제는 사람들이 진정한 자아나 진정한 욕구가 모습을 드러내도록 허락하지 않는 상태에서 자신을 돌보는 방법을 찾으려 한다는 것이다. 한마디로 존재 자체도 허락받지 못한 자아를 돌보려고 한다.

결국 니키는 다른 제거 전략으로 방향을 틀었다. 안타깝게도 많은 여성들이 자신에게 등을 돌렸을 때 선택하는 바로 그 전략이었다. 처음에는 저녁 식사에 곁들이는 와인 한 잔으로 시작했지만 어느새 매일 샤르도네 와인 한 병을 비우게 되었다. 그러나 다행히 그녀는 와인이 감정을 일시적으로 마비시켰을 뿐이라는 사실을 알아차렸다. 관심과 보살핌을 받지 못한 감정이 사라지지 않고 그대로 남아 그녀의 관심을 요구하고 있었다. 지루함과 답답함은 그대로였고 여전히 가슴에서 뜨거운 갈망이 불타올랐다. 술로 무뎌지지 않으면 고통은 더욱 날카로웠다. 그녀는 거의 2년 동안 그 전략을 썼다. 느끼고 싶지 않은 것을 느끼지 않으려고 노력했고 술의 기운으로 무감각하지 않을 때처럼 많은 것을 바라는 사람이 되지 않으려고 애썼다. 그러다 보니 가슴만 아픈 게 아니라 간도 나빠졌다. 다행히 니키에게는 방향을 바꾸려는 인식과 힘이 있었다.

니키는 자기돌봄 산업으로 눈을 돌렸다. 그것이 그녀의 새로운 전략이자 새로운 중독이 되었다. 그녀는 첨단 라이트 박스에 돈을 투자했고 크리스털 수집을 시작했고 베이킹, 요가, 자연 산책을 배웠다. 채식주의 식단을 시작하고 히말라야 소금으로 목욕하고 타이태닉호도 침몰시킬 만큼 엄청나게 많은 레몬 워터를 마셨다. 원치 않는 감정, 채워지지 않은 욕구에 대한 답은 자기돌봄에 헌신하고 자기돌봄 산업의 중독자가 되는 것이라고 그녀는 확신했다. 자기돌봄 산업이 강조하듯 "마침내 나 자신을 우선순위로 만드는 것"이었다.

하지만 안타깝게도 샤르도네가 실질적인 문제를 해결해 주지 못하는 것처럼 이런 종류의 자기돌봄은 우리에게 정말로 필요한 것을 제공하지 않는다. 원하지도 않고 가져서도 안 되는 감정을 사라지게 하지 않는다. 가능한 모든 방법을 동원해서 없애려고 해도 공허한 마음은 여전하며 공허함을 느낀다는 이유로 당신은 여전히 비난받아야 한다.

물론 상황이 끔찍할 정도로 어려울 수 있지만 소진의 근본적인 원인은 우리가 놓인 상황 자체가 아니다. 감정적 소진은 우리가 자신의 경험과 감정에 보이는 처벌적인 태도가 가져오는 결과이다. 우리가 학습한 힘든 상황 속에서 자신과 관계를 맺는 방법이 우리를 지치게 한다.

당신의 삶을 생각해 보라. 당신은 감정을 무시하고 비판하는가? 자신의 경험이 잘못되었다고 비판하는가? 당신은 니키처럼 자신과 이어지기를 갈망하고 진정한 내가 되기를 원하지만 자기 자신과 자신이 느끼는 솔직한 감정에 좌절하고 실망하는가?

이 시련은 우리를 현실뿐만 아니라 자신과 싸우게 만들고 끊임없는 감정의 소진을 일으킨다. 이러지도 저러지도 못한다. 다시 한번 말하지만 우리가 마주하는 진짜 시련은 자신과의 관계와 관련 있다.

열쇠 : 알아차림과 태도

강력하고 지속적인 자기돌봄의 가장 중요한 요소 두 가지는 바로 알아차림과 태도이다. 몸과 마음 안에서 일어나고 있는 일을 기꺼이 인정해야만 변화가 일어날 수 있다. 비록 원치 않는 현실이라도 현실로 받아들일 준비가 되어 있어야 한다. 가장 중요한 것은 자기 안에서 일어나는 모든 경험과 진실을 있는 그대로 받아들이는 수용의 태도를 취하는 것이다. 정말로 재충전 효과가 확실한 방법으로 자신을 돌보기를 원한다면 알아차림과 태도가 그 과정에서 절대적으로 중요한 부분이다.

자신을 돌보는 법을 배우는 것은 마법의 약이나 특별한 경험을 찾는 것이 아니고 가져서는 안 된다고 생각하는 욕구와 필요를 없애주는 효과적인 시스템을 찾는 것도 아니다. 사실 그것은 매우 단순하다.

- 자신의 경험을 있는 그대로 믿는 것. 내 경험은 비난받을 이유가 없고 매우 중요하며 내 경험이라는 단순한 이유만으로 타당하다는 믿음.

- 자신이 느끼는 감정에 대해 스스로를 비난하거나 수치심을 느끼는 것을 거부하는 것.

- 자신을 위해 나서는 것—자신의 진실을 기꺼이 듣고 인정하고 아무런 조건 없이 받아들이는 것.

- 탄탄한 자기 친절의 태도를 구축하여 기본적으로 무조건 자신의 편에 서는 것.

니키를 감정적 소진에서 벗어나게 해준 것과 우리를 벗어나게 해줄 그것은 바로 자신과의 관계 변화이다. 역설적이지만 충족되지 않은 기분을 느껴도 된다고 자신에게 허락해 주어야만 충족감을 느낄 수 있다. 지친 상태를 받아들여야만 활력도 되찾을 수 있을 것이다. 시간이 지남에 따라 자신이 느끼는 감정을 인정하고 공감하는 법을 배우게 될 것이다. 자신의 경험을 비판하고 올바르다고 생각하는 쪽으로 바로잡으려고 애쓰지 않는다. 감정은 우리의 선택이 아니므로 어떤 감정을 느끼는 것은 자신의 잘못이 아님을 이해하게 될 것이다. 자신이 느끼는 그대로가 진정한 감정이므로 무엇을 느끼든 괜찮다. 궁극적으로 (니키가 그랬던 것처럼) 자기돌봄의 핵심인 자신에 대한 연민과 존중심을 키우게 될 것이다.

내적 관계의 변화가 니키의 가정 상황을 고쳐주거나 그녀의 삶을 완벽하게 만들어주지는 않았다는 사실을 명심해야 한다. 하지만 상황을 바라보거나 상황에 대해 느끼는 방식은 바뀌었다. 더 중요한 것은 상황 속에서 자신을 대하는 태도가 바뀌었다는 점이다. 예전의 믿음 체계에서 모든 어려움이나 불편함, 갈망은 니키가 나쁜 선택을 했다는 증거였고 그녀의 잘못이라는 뜻이었다. 하지만 이제 그녀는 도전, 어려움, 실망 그리고 갈망이 평범한 삶의 일부일 뿐이며 우리가 소중히 여기는 모든 것과 공존한다는 사실을 이해하게 되었다. 그런 것들이 존재한다고 자기 자신이나 선택에 대해 죄책감이나 나쁜 감정을 느낄 필요가 없다고. 그 결과 그녀는 행복한 가정과 가족들의 사랑에 감사하는 동시에 가족이 줄 수 없고 지금은 가질 수 없는 것에 대한 자신의 감정도 인정하고 공감할 수 있다는 사실을 알게 되었다. 지루함을 느끼는 자신에게 수치심을 느끼고 더 많은 것을 원한다고 증오하는 것을 멈출 수 있게 되자 니키는 자신의 선택과 그에 따른 상실감을 친절하고 이해심 넘치는 태도로 바라볼 수 있었다.

니키는 어려운 것들을 없애거나 고치는 것보다 훨씬 더 급진적이고 자애적인 일을 했다. 모순을 포함해 자신의 모든 진실과 친구가 된 것이다. 그 과정에서 자신의 모든 부분을 받아들일 수 있었다.

기존의 자기돌봄은 좋은 기분을 느끼게 해주지 않는 것들을 제거하고 기분을 좋게 해주는 것들을 삶에 추가하라고 말한다. 물론 그것도 우리가 자신을 돌보는 한 방법이기는 하다. 하지만 아무리 인정하고 싶지 않아도 우리의 기분을 좋지 않게 하는 것들을 아예 없애는 것은 불가능한 일이다. 우리가 제대로 제거하지 못해서가 아니라 현실이 그렇기 때문이다. 현실은 언제나 우리의 기분을 좋게 하지 않는 많은 것을 포함한다. (우리 자신을 포함해) 불완전한 상황과 사람들, 상실, 그 밖의 수많은 난관. 그렇기에 제거를 앞세우는 방식의 자기돌봄은 결코 성공할 수 없다. 역설적이지만 어려운 상황에도 긴장을 풀고 자신에게 친절을 베풀 수 있을 때 기분이 나아지기 시작한다. 심지어 극적으로 좋아질 수도 있다. 이것이 진정한 자기돌봄의 본질이다. 문제를 제거하는 것이 아니라 수용과 연민을 더한다. 진실을 있는 그대로 받아들이는 태도가 있으면 삶이 어떤 모습이든 편안하게 마주할 수 있다. 이러한 변화는 우리가 필요하다고 믿었던 것과 다른 치유를 제공한다. 우리 안의 새로운 활력과 행복을 깨운다. 놀랍게도 치유의 근원은 나 자신이다.

지금까지는 자기돌봄을 자신과 따뜻하고 긍정적인 관계를 구축하고 수용과 공감의 분위기를 키우고 감정을 있는 그대로 느끼도록 허락하는 행동으로 정의했다. 하지만 별개의 대화가 필요한 정서적 경험이 하나 있는데, 그것은 여성들이 그 무엇보다 인정하거나 긴장을 풀기 어려운 주제이기도 하다. 우리가 학습한 조건에 정면으로 부딪치기 때문이다.

절대 화내면 안 된다

사회가 우리 여자들에게 보내는 메시지 가운데 직접적으로 말하지 않더라도 매우 분명한 것이 있다. 화내지 마라. 여자가 화내는 것은 괜찮지 않은 일이며 화내면 우리도 괜찮지 않은 사람이 된다. 분노가 감지되는 순간 우리는 이런 말을 듣는다. 미쳤다, 공격적이다, 히스테리가 심하다, 이성적이지 못하다, 호르몬이 날뛴다, 매력적이지 않다, 고약하다, 앙심을 품었다, 독하다, 여성스럽지 못하다, 적대적이다. 그중에서도 가장 자주 듣는 말은 바로 '나쁜 년'이다. 분노는 여자가 느끼기에 매우 위험한 감정이다.

대개 여성과 남성은 똑같이 분노를 경험한다. 하지만 분노와의 관계에 관한 한, 여성과 남성의 공통점은 그것뿐이다. 남자아이들은 분노를 강인함의 표시로 여기도록 배운다. 그들의 분노는 진취적이고 생산적이며 힘과 자신감을 나타낸다. 분노는 남자에게 적합하다고 여겨진다. 남자는 화를 내도 고유한 이미지에 타격을 받지 않는다.

반면 여자아이들은 분노가 부적절하고 수치스럽고 통제 불능의 신호라고 배운다. 겉으로 화를 드러내는 순간 우리는 실패한 것이다. 화가 난 여성은 신뢰할 수 없다고 여겨진다. 그래서 그녀가 화 난 이유를 사람들에게 납득시킬 가능성도 희박하다. 여자가 화를 내면 그만한 문제가 있어서가 아니라 그녀 자신에게 문제가 있다고 가정한다. 여자의 화는 그녀가 망가졌다는 뜻이므로 그 감정에 타당성도 없고 해결할 필요도 없어진다.

이처럼 우리는 아주 어릴 때부터 분노를 억누르고 사라지게 하는 방법을 알아내도록 배운다. 보통은 자신을 변화시켜야 한다는 뜻이다. 분노는 불만을 전달한다. 현재 상황에 대해 괜찮게 느끼지 않는다는 것을 의미한다. 우리 여자들이 할 일은 현실에 만족하는 것이므로 분노는 그 목적에 적합하지 않다.

우리가 느끼는 진정한 감정이 분노일 때 그 진실을 환영하는 동시에 다른 사람들을 만족시키고 행복하게 해주어야 하는 책임을 다하기란 대단히 어려워진다. 일반적으로 분노는 즐겁지 않으며 사람들을 행복하게 하지 않는다. 그런데 알다시피 사람들을 만족시키는 것이 우리 여자들의 가장 큰 목표이다. 그렇다면 선택은 자명하다. 화를 내지 않거나 적어도 분노와 연결되지 않는 방법을 찾아야만 한다.

결과적으로 우리는 분노를 관리하고 그것이 다른 사람들이나 자신의 호감도에 위협이 되는 것을 막기 위해 온갖 방법을 생각해 냈다. 사실 분노의 감정이 존재하지 않는 척할 수 없고, 모든 것이 정상이고 아무런 불만이 없는 것처럼 행동할 수가 없는데도 우리는 그렇게 행동하기 위해 다음과 같은 정교한 전략을 만들어냈다.

도덕적으로 올바른 선택하기. 우리 여성들이 정말 잘하는 일 한 가지는 분노를 초월해 도덕적으로 올바른 행동을 선택해서 더 나은 사람이 되는 것이다. 세상에 나 말고 다른 사람들도 존재한다는 사실을 알아차릴 수 있는 나이가 되었을 때부터 우리는 타인을 돌보고 공감하고 용서하고 자신뿐만 아니라 모두를 위해 최선을 다하도록 배운다. 그러나 안타깝게도 '자신뿐만 아니라 모두를 위하라'의 진짜 뜻은 자신을 위하지 말라는 것이다. 실제로 여자들은 자신의 욕구를 희생하고 더 큰 집단을 위할 때 크게 칭찬받는다. 다른 사람의 입장에서 생각하고 자신을 지우면 우리의 호감도가 빠르게 올라간다. 우리의 진정한 욕구가 충족되지 않거나 들리지 않거나 보이지 않을 수도 있지만 그에 대한 보상으로 우리는 고귀하고 도덕적인 사람이라는 배지를 달게 된다. 그리고 평화를 지키는 것에 대해 호감과 존경을 받는다. 물론 상당히 큰 성공이다. 도덕적으로 올바른 선택을 하는 것은 과연 존경할 만한 행동이다. 하지만 문제는 우리가 자연스럽게 하는 것이 아니라 의무감에서 하는 행동이라는 것이다.

자기비하. 여자들이 깨우치는 또 다른 기술은 자신이 엄연히 느끼는 분노의 감정을 조롱하고 하찮은 것으로 만드는 것이다. 보통 우습고 자기비하적인 것으로 바꾼다. 우리는 우리 자신과 분노의 감정을 비웃음으로써 남들에게 덜 위협적이고 수용적인 존재로 보이게 한다. 그러나 그 과정에서 자신의 진실을 불신하고 외면해 버린다. 결국 우리의 욕구가 충족되지 않는 상황이 다른 사람들에게 즐거운 웃음거리가 되어 우리를 향한 호감도를 높여준다. 다시 말하지만 우리는 욕구와 필요를 더 중요하다고 생각하는 호감도와 바꾼다.

포장하기. 여성의 수많은 자기 관리 기술에는 분노를 합리적으로 보이도록 깔끔하게 포장하는 것도 포함된다. 우리는 우리의 분노가 타당하게 보이도록 만드는 데 능숙하다. 분노에 대해 생각해 본 후 사람들이 이해할 수 있고 그들의 입맛에 맞고 무엇보다 분노처럼 보이지 않도록 포장한다. 하지만 그렇게 하면 분노에 담긴 예측 불가능성과 힘, 결과적으로 우리를 위해 변화를 만들어내는 능력이 사라진다. 결국은 분노에 담긴 건설적인 에너지와 가능성을 이용하지 못하게 된다.

다른 곳에서 카타르시스 찾기. 분노를 사소하게 만들거나 기분 좋게 포장할 준비가 되어 있지 않거나 그럴 의향이 없을 때도 있다. 그럴 때 우리는 벽에 달걀을 던지고 펀칭백을 치고 베개로 막고 소리 지를 수 있다. 반드시 화를 내야 할 때 우리는 다른 사람들을 불편하게 하거나 불행하게 하지 않고 긍정적인 방법으로 한다. 그 누구도 듣거나 알게 하지 않고 화를 낸다. 베개와 펀칭백만이 우리의 불만을 듣고 고통스러워하면 된다. 이렇게 물리적인 분출 방법은 일시적인 카타르시스를 선사할 수도 있지만 신체적인 방출은 분노의 뿌리에 숨어 있는 감정과 충족되지 않은 욕구를 돌보는 데 그리 효과적이지 못하다.

요약하자면 우리는 분노를 여성적이지 못하고 파괴적이고 타당하지 않은 감정이라고 배웠다. 표현하거나 느끼는 것이 괜찮지 않은 감정이라고 말이다. 분노는 우리 자신의 문제이며 우리가 해결해야 할 문제라고.

우리는 분노가 자기돌봄의 본능적인 부분이라는 사실을 계속 무시한다. 분노는 우리를 보호하고 우리에게 필요한 것이 충족되지 못하고 있고 지금 상황이 괜찮지 않다는 것을 경고하기 위해 존재한다. 분노는 우리가 귀 기울이고 처리해야 하는 불만이다. 분노는 모든 상황이 괜찮다는 기본적인 전제에 동의하기를 거부한다. 그런데도 안타깝게 우리는 자신의 가장 자연스러운 보호자를 외면하고 우리를 지켜주려고 존재하는 감정을 버려야 한다고 배운다.

항상 다른 사람들을 만족시키고 희생하고 베풀고 호감을 주고 수용하고 감사하고 언제나 괜찮아야만 한다는 압박과 기대에 마주한 여자들에게 분노는 피할 수 없는 현실이다. 그런 기대를 전부 충족하면서 진정한 자신이 되기란 불가능하다. 사회가 원하는 모습에 나를 억지로 끼워맞추다 보면 분노를 경험하지 않기란 어려울 것이다. 바로 거기에서 문제가 생긴다. 우리는 분노를 느끼면 안 되니까. 분노는 여자들에게 허용되지 않는 감정이니까. 그래서 우리는 자신의 현실과 충돌한다. 사회적으로 받아들여지지 않고 우리를 매력적이지 않게 만든다는 이유로 가장 자연스럽고 필요한 경험을 온전히 누리지 못하고 계속 분노와 대립하며 그것을 억압하므로 우리는 감정적으로 지친다.

분노에 관한 자기돌봄도 다른 모든 것과 마찬가지로 알아차림과 함께 시작된다. 분노의 존재에 대해 병적으로 생각하는 것이 아니라 귀 기울이고 인정하는 것이 출발점이다. 그러려면 사회에 의해 학습된 대로 분노를 두려워하고 피라냐처럼 다루는 것을 멈추어야 한다. 우리는 분노가 위험하다고 배웠지만 사실 분노는 우리의 조력자다. 분노를 거부하고 마음의 테이블에 앉히기를 거부할 때 가장 위험하다.

흥미롭게도 분노는 환경의 영향에 휘둘리지 않고 누구나 느끼는 감정이다. 어렸을 때부터 우리가 분노를 억누르려고 했어도 분노는 변함없이 우리 곁에 함께해 줄 수 있다. 분노는 우리가 분노를 알지 못하거나 알도록 허락하지 않을 때도 우리를 방어해 주고 우리가 소중한 존재라는 것을 알고 있다. 분노는 저 아래에서 치솟아 오르며 소리친다. '야, 그만해. 지금 상황은 괜찮지 않아!'

분노의 이면에는 항상 상처가 있다는 사실을 기억하자. 분노는 우리의 조용한(또는 조용해진) 고통을 대변하는 큰 목소리이다. 감정의 언어로 보자면 분노는 우리의 마음과 영혼이 "싫어!"라고 말하는 것이다. 그 거절의 외침에는 상처가 자리한다. '아, 아파….' 우리가 자신에게 뭐라고 말하든 분노는 모든 것을 뚫고 나와 우리가 지킬 가치가 있는 존재라고 외친다.

다시 말하자면 분노는 우리의 정서적, 정신적, 신체적 행복을 위해 매우 귀중한 메커니즘이다. 분노에 대한 건강한 존중심과 호기심을 키우는 것은 자기돌봄의 너무도 중요한 측면이건만 소홀하게 다뤄지는 경우가 많다.

나의 전부

진정한 자기돌봄은 우리가 받아들일 수 있는 감정을 넘어서야 한다. 느껴도 괜찮다고 배운 감정들의 경계를 넘어서야 한다. 말하자면 인정하기 쉽고 안전하고 이해할 수 있고 무엇보다 다른 사람들에게 문제를 안겨주지 않을 수 있는 감정들만 느껴야 하는 것이 아니다. 추하고 창피하고 나쁘고 비열하고 위험하고 호감이 가지 않는다고 생각되는 감정들까지도 받아들이고 그 감정들과 바람직한 관계를 맺어야 한다. 자신을 진정으로 돌보기 위해서는 자신의 전부를 기꺼이 돌봐야 한다. 완벽하지 않고 엉망진창인 부분까지도 감싸 안아야 한다. 욕구와 필요, 감정, 경험 가운데 단 하나라도 보살핌에서 제외되거나 가치가 없다고 여겨지면 안 된다.

앞으로 화가 나거나 원치 않는 감정이 느껴질 때는 그쪽으로 고개를 돌리고 가만히 들여다보자. 무엇 때문에 화나거나 속상한지, 무엇을 얻지 못해서 그러는지, 어떻게 하면 괜찮아질 수 있는지, 뭐가 필요한지 물어보자. 다시 말하지만 나의 진실을 받아들인다는 것은 그것을 행동으로 옮긴다는 뜻이 아니다. 집에 찾아온 소중한 손님에게 그러듯 차를 권하는 것이다. 감정은 사라지지 않는다. 아무리 밀어내고 도망치고 조용히 하라고 꾸짖고 일시적인 쾌락으로 마취시켜도 우리가 신경 써주기를 기다리며 그 자리에 있다.

지금쯤 자기돌봄이 물건이나 활동이 아니라 자신과의 관계를 만들고 영양분을 공급하는 것이라는 사실을 분명히 알게 되었기를 바란다. 다음 장에서는 본격적으로 자기돌봄의 실천에 한 걸음 더 다가가 보기로 하자. 자신과 새로운 관계를 시작하기 위해 배우고 알아야 할 것들(또는 배우지 못했거나 알지 못하는 것들)을 살펴본다.

8장　　나를 주장하기

패티가 집에 돌아와 보니 남편은 소파에 앉아 텔레비전을 보고 있었다. 남편은 퇴근한 지 한 시간이 넘었는데 아직 저녁 식사 준비를 시작하지도 않았다. 그녀가 남편에게 매일 저녁 식사와 곁들이는 와인을 열었는지 묻자 그는 대답하지 않았고 알아들을 수 없는 말을 중얼거릴 뿐이었다. 그런데 흥미롭게도 패티는 남편에게 무슨 일이 있는지, 왜 요리를 시작하지 않았는지 묻지 않았다. 자신이 배가 무척 고프고 가스레인지에 아무것도 올려져 있지 않은 모습에 짜증이 났다는 사실에 대해서도 말하지 않았다.

대신 패티의 머릿속은 자신이 남편의 기분을 상하게 할 만한 말이나 행동을 하지 않았는지에 대한 생각으로 바빠지기 시작했다. 요즘 평소보다 신경을 써주지 못해서 그런지도 몰라. 잠자리를 거부해서 그런 걸까? 혹시 저번에 남편이 등에 손을 댄 게 그런 뜻이었을까? 그의 친구들에 대해 한 말이 그를 화나게 하거나 잔소리처럼 들린 건 아닐까? 패티는 남편의 이상하고 불친절한 행동의 원인이 무엇인지 전혀 알 수 없었지만 한 가지만은 확신할 수 있었다. 무엇인지 몰라도 그녀의 잘못이라는 것. 남편의 나쁜 행동은 그녀가 해서는 안 될 일을 했거나 해야만 하는 일을 하지 않았기 때문이다. 더 생각해 볼 것도 없이 확실했다.

많은 여자들이 그러하듯 당신은 누군가의 기분이 좋지 않을 때 자기 때문이라고 생각할 것이다. 다른 사람들의 감정이 나의 잘못이고 내가 다르게 행동하지 않아서 생긴 결과라고 말이다. 무엇을 잘못했는지 모르거나 좋은 의도였어도 여전히 내가 잘못했기 때문이다. 이러한 태도는 모든 일을 개인적으로 받아들이고 모든 것을 자신의 실패로 생각하는 습관에서 비롯되었다. 또는 바로잡아야 하는 상황에 대해서만 무조건 자신의 잘못으로 여길 수도 있다. 이런 습관이 마조리에게 어떤 식으로 나타나는지 살펴보자.

마조리가 소중한 친구 파스칼과 함께 맛있는 점심을 먹고 있을 때 파스칼이 뉴스에서 읽은 것을 이야기했다. 그는 신경에 거슬리는 그 문제에 대해 할 말도 많고 강력한 견해도 있었다. 마조리는 잠시 귀를 기울이다가 그 주제에 대한 자기의 생각을 공유했다. 사실 그녀도 관심이 많은 주제였고 파스칼보다 훨씬 더 많이 알고 있었다.

그런데 마조리가 말하는 동안 파스칼은 눈에 띄게 조용해졌다. 그는 시선을 아래로 내린 채 대화에 집중하지 않는 모습이었다. 자기 생각을 말할 때는 활기가 넘쳤는데 마조리가 말하는 동안에는 대화에 참여하지도 않았고 듣지도 않았다. 사실상 마조리는 허공에 대고 혼자 떠들고 있었다.

마조리는 그런 친구의 모습을 보는 순간 죄책감과 수치심을 느꼈다. 내가 왜 관심을 독차지하려고 한 거지? 왜 친구의 이야깃거리를 가로챘을까? 나는 왜 항상 억지로 밀고 나가면서 남들이 주목받을 기회를 뺏으려고 하는 걸까? 가장 결정적인 생각은 이것이었다. 왜 나는 상대를 무력하게 만드는 거지? 이것이 대화에서 의견을 보탠 후 친구의 반응을 보고 마조리의 머릿속에서 펼쳐진 생각이었다. 머릿속 이야기에서 그녀는 자신을 환영받지 못하고 친구를 억누르고 입을 다물게 하는 사람으로 그려 넣었다. 그녀는 파스칼이 다시 그녀를 신뢰하고 용기를 내어 개인적인 이야기를 들려주기까지 오랜 시간이 걸릴 것이라고 확신했다. 그녀의 여성스럽지 않고 공격적인 행동을 생각하면 당연한 일이라고.

그녀가 만들어낸 이야기에서 마조리는 친구에게 상처를

입히고 대화나 친밀감을 이어갈 기회도 망쳐버렸다. 외롭고 버림받은 것 같고 수치스러움이 느껴지는 것은 전부 다 그녀의 잘못이었다. 친구를 불안하게 만든 것도 그녀의 잘못이었다. 간단히 말해서 일이 이렇게 된 것은 물론 지금 이렇게 속상한 것도 전부 그녀의 잘못이었다.

전부 다 내 잘못이라는 생각 바꾸기

패티와 마조리의 반응은 이상하고 극단적으로 보일지도 모르지만 안타깝게도 여성들에게 흔히 볼 수 있는 모습이다. 만약 비슷한 모습이 조금이라도 있는 사람이라면 다른 사람들의 경험이 자신의 책임이 아니라는 사실을 먼저 알아야 한다. 누군가가 괜찮지 않은 것이 무조건 당신의 잘못은 아니다. 당신 때문에 일어난 일도 아니고 바로잡아야 할 책임이 당신에게 있지도 않다. 이 책에서 꼭 배워야 할 사실이 하나 있다면 바로 그것이다. 상황이 마음에 들지 않을 때마다(또는 다른 누가 마음에 들어 하지 않을 때) 자신이 무엇을 잘못했는지 알아내려고 고민하지 않아도 된다. 감정적 소진을 치유하려면 자신이 무엇을 잘못했는지 알아내려는 노력은 그만두고 모든 일을 자기 탓으로 돌리는 것을 당장 멈춰야 한다.

여자들이 지치는 가장 큰 이유는 자신이 무엇을 잘못했고 어떻게 하면 바로잡을 수 있는지 생각하느라 너무 많은 시간과 에너지를 쓰기 때문이다. 그러나 진정한 자기돌봄은 자신의 실패를 찾아내고 부족함을 바로 잡는 것이 더 이상 중요한 삶의 목표가 아니고 큰 관심사도 아닐 때 비로소 시작된다. 내가 더 잘하면 모든 것이, 모두가 좋아질 수 있다는 망상을 버려야 한다.

누군가의 경험에 공감하는 것과 문제를 바로잡아야 할 책임을 느끼는 것은 근본적으로 다르다. 그것들은 묶음 상품이 아니다. 누군가의 고통에 이입해도 나 때문이거나 바로 잡아야 한다는 의무감을 느끼지 않을 수 있다. 나의 진실이 다른 사람에게 고통스러운 감정의 불씨가 되더라도 지금까지 학습한 것과 달리 그 감정을 유발한 것은 내가 아니다. 나의 진실과 그것에 대한 다른 사람의 경험은 고쳐지거나 제거될 필요 없이 공존할 수 있다.

누군가가 고통을 받으면 바로잡는 것이 우리의 책임이라는 믿음이 우리에게 너무 깊이 뿌리박혀 있다. 하지만 감정적 소진을 치유하려면 타인의 감정을 통제하거나 책임져야 한다는 생각을 버려야 한다. 스스로 쓰고 연출하고 주연까지 맡은 내 잘못이라는 내용의 머릿속 영화를 상영 중단해야 한다.

우리의 감정 소진은 모든 사람을 행복하게 해주고 자신과 모두의 삶을 더 잘 통제하는 방법을 알아내는 데 성공한다고 치유되지 않는다. 오히려 그와는 정반대로 통제에 대한 집착을 내려놓고 아무리 소중한 사람들이라도 그들과의 사이에 불편함이 들어올 수 있도록 허락해야만 치유된다. 삶이 어떤 식으로 흘러가야 한다는 집착을 버리고 애쓰지 않는 순간, 재충전이 이루어지고 활력이 돌아온다.

모두의 해결사 역할에서 벗어나려면 우리가 옳다고 생각하는 방향으로 모든 일이 흘러갈 수 없다는 것을, 우리의 한계를 받아들여야 한다. 눈에 보이는 문제를 해결하고 싶어도 해결하지 못할 수도 있다. 우리가 고치려는 사람이나 상황이 그것을 원하지 않을 수도 있다. 또한 그것들을 고치는 데 에너지를 쓰고 싶지 않은 것이 우리의 진정한 속마음일지도 모른다. 과연 시간과 감정적 에너지를 쏟고 마음의 공간을 내어줄 가치가 있는 문제인지 신중하게 판단해야 한다. 모든 것이 자신의 책임이라고 생각하면 에너지와 관심을 어디에 쏟을지 선택할 겨를도 없이 강박적으로 모든 문제를 고치려고 하게 된다. 자신에게 쓸 에너지가 하나도 남지 않으므로 몸도 마음도 다 지친다.

하지만 모든 것이 내 잘못이고 바로잡아야 할 책임이 있다는 생각을 멈추면 다른 사람들뿐만 아니라 자신에게도 훨씬 더 많은 에너지를 쓸 수 있다. 모든 것과 모든 사람에게 신경 써야 할 의무감에서 벗어나 자기가 정말로 원하는 것에 신경 쓸 수 있는 자유가 생긴다. 결과적으로 진정한 자아와 강하게 연결되므로 타인에게도 진정성을 보일 수 있고 정말 살아 있는 기분이 들 것이다. 그러면 자신에게 정말로 중요한 것에 호기심이 생기기 시작한다.

모두의 해결사 역할에서 해방되면 놀랍게도 진정한 공감이 커진다. 해결해 주어야만 한다는 의무와는 별개로 다른 사람들의 문제를 깊이 이해하고 느낄 수 있다. 만약 도와주고 싶은 마음이 생긴다면 의무가 아니라 진심에서 비롯되는 것이다. 그래야만 하기 때문이 아니라 그러고 싶어서이기 때문이다. 가장 중요한 것은 이것이다. 모든 것과 모든 사람을 괜찮게 만들어야 한다는 강박에서 벗어나 괜찮지 않은 상황도 기꺼이 받아들일 수 있게 되면 한결 홀가분해져서 상황을 제대로 볼 수 있다. 아무런 부담 없이 자유로운 참가자로 현실을 마주보기 때문이다.

자기 개선에서 자기 가치로

모든 문제를 책임지려는 우리의 잘못된 강박감은 외부 세계에만 해당하지 않는다. 자신에게도 똑같이, 오히려 더 엄격하게 적용된다. 어떻게 하면 더 나아질 수 있을까? 이 질문이 우리가 살아가는 방식을 크게 좌우한다. 표면적으로는 건강하고 중요한 질문처럼 들린다. 계속 성장하고 발전하도록 자신을 격려하는 성찰처럼 느껴진다. 어떻게 하면 더 나은 사람이 될 수 있을까? 절대로 소홀히 하면 안 되고 나 몰라라 하면 큰 잘못인 것처럼 느껴지는 질문이다. 우리는 이 질문에 대해 쉴 새 없이 고민하면 지금의 내 모습에 안주하지 않을 수 있다고 믿는다(그것은 위험한 일이니까). 우리는 자신과 다른 모든 사람에게 이 질문을 계속 던지면 완벽한 제품이 될 수 있고 더 이상 어떤 식으로든 개선하거나 변화할 필요가 없다고 주장할 수 있다고 믿는다.

감정의 소진을 멈추려면 삶에 대한 기본적인 목표를 바꿔야 한다. 좀 더 나은 사람이 되어야 한다는 태도는 우리 사회에서 높이 평가받지만 사실 오히려 역효과를 내고 힘을 잃게 한다. 개선하려는 노력은 현재의 모습이 충분하지 않다는 믿음을 조장하고 우리가 있는 그대로의 나로 설 수 없게 만든다. 우리는 언제나 새롭고 개선된 버전의 나를 좇는다. 지금보다 잘난 사람이 되려고 노력해야만 가치가 생긴다. 하지만 진정한 내가 아닌 다른 사람이 되려고 끝없이 애쓰는 과정에서 결국은 지치게 된다.

기억할 것이 있다. 더 나은 버전의 자신이 되려는 노력을 멈춘다고 스스로 완벽한 사람이라고 생각한다는 뜻은 아니다. 우리는 결코 완벽하지도 않고 나아질 필요가 없는 것도 아니다. 세상에 완벽한 사람은 없다. 하지만 자기 개선이 중요한 인생 목표가 되어버리면 오히려 발전에 방해가 된다. 더 나은 사람이 되려는 노력은 남들에게 존경과 호감 포인트를 팍팍 받게 해줄지 몰라도 사실 그 참뜻은 자신을 고친다는 것이다. 자기 개선 또는 자기 교정을 원동력으로 삼으면 계속 부서지고 부족한 상태가 될 수밖에 없고 아이러니하게도 진정한 변화가 일어날 수 있는 유일한 장소인 자기 안에 머무를 권리를 거부당한다. 좋든 싫든 살다 보면 우리가 배워야 할 것과 성장하는 방법을 인생이 가르쳐줄 것이라는 사실을 받아들일 때 감정적 소진에서 벗어날 수 있다. 우리가 부탁하지 않아도 때가 되면 인생이 알아서 가르쳐준다. 나를 끊임없이 낫게 만들어야 하는 프로젝트쯤으로 여기면 현재의 나에게 집중할 수 없을 뿐만 아니라 강박증이 되어 불안감이 커지고 결국 소진이 심해질 뿐이다.

자기 개선을 중요한 목적으로 삼지 않을 때 우리는 비로소 자신을 진정으로 알게 된다. 더 나아져야 한다는 끊임없는 압박감이 사라지면 상상하는 미래의 내가 아니라 현재의 내가 누구이고 어떤 상태인지에 관심을 가질 수 있다. 이렇게 어떤 사람이 되어야 하는지에서 지금의 나를 마주하는 것으로 초점을 바꾸는 것이야말로 자신과 친밀하고 우호적인 관계를 구축하는 데 가장 중요한 요소다. 다시 말하자면 진정한 자기돌봄의 핵심이다. 장담하건대 자기 개선에 대한 집착을 내려놓는다고 절대로 성장이 멈추거나 자만에 빠지지 않는다. 오히려 다른 사람이 되려는 희망(그리고 요구)을 버리는 것이야말로 진정한 내가 되기 위한 첫걸음이자 가장 중요한 단계이다.

자랑하는 법을 배우자

나는 수년간 여성들이 자신에 대해 이야기하는 것을 들으면서 우리가 너무도 자주 그리고 엄격하게 자신을 비하한다는 사실을 깨달았다. 아무런 거리낌 없이 긍정적으로 자신에 대해 이야기하는 것이 얼마나 힘들고 위험한 일인지. 덕분에 자신을 자랑하는 법을 배우는 것이 재충전의 중요한 단계가 되어야 한다는 사실을 분명히 알 수 있었다.

전혀 놀랍지 않은 일이지만 그 아이디어는 사람들에게 좋지 않은 반응을 얻었다. 남성들은 주저하는 듯하면서 반대하는 쪽으로 방향을 틀었다. "흠… 흥미롭지만 여성들에게 자기 자랑이 정말 필요하다고 생각하나요?" "낸시, 강한 여자가 자신의 힘을 과시해야 한다고 생각해요?" "그러니까 여자들이 남자들을 닮아야 한다는 건가요? 그게 목표인가요?" 한마디로 여자가 대담하게 자신을 칭찬하면 남들을 불편하게 만들 뿐만 아니라 비난받을 일이 되는 듯했다.

하지만 같은 생각을 여성들에게 전했을 때는 완전히 다른 반응이 돌아왔다. 죄책감이나 수치심을 느끼지 않고 자신을 칭찬하고 빛날 수 있다는 생각만으로 여성들은 엄청난 열정을 보였다. 하지만 오만하고 이기적이고 관심을 끌려고 한다는 말을 듣지 않고는 불가능할 것 같다고 말한 여성들도 많았다. 한 여성은 "남을 돌보는 이타적인 사람에게 자신을 칭찬하는 모습은 어울리지 않는 것 같아요"라고 말했다. 사실이다. 우리가 이타적인 사람이 되고 싶다면 큰소리로 자신을 칭찬하는 것이 문제가 될 테니까.

우리가 자신을 인정하는 모습이 관심이 필요하거나 친절하지 않거나 필사적으로 관심을 원하는 것처럼 보일 수도 있다. 물론 우리 사회에서 여자가 긍정적인 관심을 원하거나 필요로 하는 것은 나쁜 일이다. 자신을 인정하면 자아를 없애고 남을 위하고 되도록 눈에 띄지 않아야 한다는 여자들의 임무가 실패로 돌아가니까. 인정받기를 원하는 것은 매력적이지 않은 특성일 뿐만 아니라 약점의 표시라고 우리는 배웠다. 겸손하지 않거나 남들에게 인정받지 못하면 만족하지 않을 정도로 불안정하다는 뜻이다. 게다가 자신에 대해 긍정적으로 이야기하면 자만심이 강하거나 자신의 능력을 과장하는 것이다. 혹은 둘 다이거나. 이렇게 부정적인 판단이 기다리고 있으니 우리가 자신을 인정하는 자연스럽고 건전한 욕구를 억누르는 것도 당연한 일이다. 분명한 것은 우리가 다른 사람들의 경험을 매우 신중하고 조심스럽게 관리하려고 한다는 것이다. 우리는 인정의 욕구를 부정하고(엄연히 존재하는 데도) 그것을 원하거나 필요로 하지 않는 것처럼 보이는 데 매우 능숙하다. 인정받거나 가치 있게 여겨지기를 바라는 것은 수치스러운 일이며 그럴 자격이 있다는 생각은 오만하다고 믿는다.

하지만 인정받고 싶은 욕구는 모든 인간에게 존재하는 건강하고 정상적인 욕구이다. 그런데도 우리 여자들은 인정받고자 하는 바람은 실패를 뜻하고 창피한 일이며 절대로 원하면 안 되는 일이라고 믿도록 배웠다.

감정의 소진을 치유하려면 이렇게 자신을 투명 인간으로 만들고 비하하려는 습관을 버려야 한다. 원래 우리를 보호하고 호감도를 지키기 위해 만들어진 패턴이지만 이제는 마음을 지치게 할 뿐이다. 어떤 내용이 되었든 자신감과 존중심을 가지고 자신에 대해 말할 수 있어야 한다. 여기에서 제안하는 자기 자랑은 자만심이나 허세와는 상관이 없다. 자기돌봄의 측면에서 말하는 자기 자랑이란 내면의 욕구와 필요를 그것이 무엇이든 기꺼이 인정한다는 뜻이다. 동시에 자신을 존중하고 자신에게 관심을 기울인다는 사실을 인정하는 것이기도 하다. 무슨 이유이든 상관없고 아예 이유가 없어도 된다. 그저 나이기 때문에 존중하고 돌본다.

감정의 탈진 문제를 조사할수록 의아함이 커졌다. 우리 여자들은 자신을 개선하기 위해 그렇게 많은 시간과 에너지를 소비하는데도 어째서 자신을 진정으로 좋아하지 못하는 것일까? 왜 계속 찾아 헤매는데도 목적지에 도달하지 못하고 절대로 충분히 좋은 사람이 되지 못하는 것일까? 이러한 해로운 패턴에서 벗어날 수 있는 방법은 그것을 알아차리고 이의를 제기하고 실제로 깨뜨리는 행동을 하는 것이다.

자신에 대해 긍정적으로 말하고 자신을 좋아한다는 사실을 인정할 때 내가 중요한 사람이라는 믿음이 강해진다. 여자도 욕구를 드러내고 인정받아도 괜찮다는 사실을 보여줄 수 있다. 내적으로나 외적으로 자신을 인정할수록 정말로 자신이 인정할 가치가 있다는 믿음이 커질 것이다. 자신의 가치를 당당하게 주장하고 여자는 그러면 안 된다는 잘못된 고정관념을 거부하면 힘이 생기고 지친 마음에 에너지가 채워진다. 아직 준비되지 않은 것 같아도 오늘부터 당장 시작하자.

내가 목적지

내가 좋아하는 야생 가젤에 관한 이야기가 있다. 가젤은 어릴 때 맡은 너무도 훌륭한 향기를 다시 경험하고 싶은 열망에 이끌려 평생 그 향기를 찾으려고 애쓴다. 수년 후 가젤은 사냥꾼의 화살에 옆구리가 찢긴 채 죽어가는 순간 평생 찾으려고 했던 그 훌륭한 향기에 둘러싸인다. 그 향기는 가젤에게서 나오는 것이었다. 자신의 냄새였다. 처음부터 가젤이 바로 그 훌륭한 존재였다.

우리가 세상을 살아가는 방식은 우리의 관심을 자신에게서 멀어지도록 바깥쪽으로 끌어당긴다. 우리는 정보와 지식, 믿음 체계, 오락, 물질, 행동 규칙 등 모든 것을 외부의 원천에 의존한다. 동시에 행복도 밖에서 올 것이라고 믿게 된다. 외적인 인정, 물질적 소유, 성취, 쾌락의 경험이 행복을 가져다줄 것이라고. 결국 시간이 지나면서 우리는 바람직하고 만족스러운 것, 성취감을 주는 것, 우리가 원하고 필요로 하는 모든 것이 밖에서 나온다고 믿게 된다. 초점을 밖으로 향하는 것이 습관이 되어서 우리가 지금 여기에 존재하고 모든 것의 근원이 될 수 있다는 사실을 잊어버린다. 필요한 것을 안에서 찾을 수 있다는 사실을 잊어버리는 것이다. 더 정확하게는 처음부터 아예 알지 못한다.

자기돌봄이 삶의 방식으로 뿌리내리려면 내가 그동안 허락된 것보다 훨씬 더 많은 것을 알고 있다는 사실을 알아차려야 한다. 나아가, 내가 나의 진실을 아는 유일한 사람이고 나의 경험은 나의 것이라는 사실도 알아차려야 한다. 자기돌봄 산업은 우리가 모르기를 바라는 듯하지만 웰빙의 가장 믿을 수 있고 확실한 원천은 바로 자기 자신이다.

하지만 기억해야 한다. 우리가 자신을 버리고 다른 사람들과 외부 세계에 권한을 넘겨주게 만든 믿음 체계는 하룻밤 사이에 생기지 않았다. 마찬가지로 귀중한 지혜의 원천으로 자신을 되찾는 것 또한 하룻밤 만에 가능한 일이 아니다. 새로운 길을 선택하기 전에 지금 자신 앞에 놓인 길을 먼저 보아야 한다. 자신의 진실을 외면하고 권한을 내어주게 만드는 패턴을 파악해야 한다. 진정한 변화를 만들려면 기꺼이 습관에 도전장을 내밀고 새로운 행동을 실천해야 한다.

실제로 운동을 시작해야만 운동하는 습관이 생기듯 나를 목적지로 만드는 습관도 실제로 그런 행동을 실천해야만 길러진다. 자신을 목적지로 만들어라. 답도 질문도 자신에게서 찾으려고 해야 한다. 내면에 머무르며 시간을 보내고 자신의 경험에 호기심을 갖고 적극적으로 자신을 돌본다. 자신을 제외한 모든 사람을 돌보라고 배운 나를 돌볼 때다.

계속 연습하다 보면 통찰이 필요할 때 자연스럽게 자신에게 의지하는 습관이 생긴다. 하지만 역시나 처음부터 잘되지는 않을 것이다. 자신을 신뢰하는 법을 배우는 과정은 서서히 일어난다. 시간이 지남에 따라 마치 중심이 단단하게 잡힌 것처럼 현재에 주의를 기울이고 마음에 머무를 수 있게 된다. 남들의 호감을 얻으려 애쓰지 않고 진실하고 정직하게 말하는 자신을 발견할 것이다. 진짜 나와 밖에서 맡은 역할의 격차가 좁혀지는 것을 느낄 것이다. 사람마다 그런 변화의 과정이 다양하게 나타나지만 공통적인 특징은 내가 내 삶의 중심에 자리 잡은 것 같은 느낌, 나라는 집에 도착한 것 같은 느낌이 든다는 것이다.

자신의 경험을 계속 탐구하고 오롯이 자신과 시간을 보내고 계속 주의를 기울여라. 그러면 자동으로 밖으로 향했던 주의가 모든 것의 근원지인 자신에게로 자연스럽게 돌아가기 시작한다. 의도와 연습을 통해 그동안 간절하게 찾아 헤맨 그 훌륭한 목적지가 바로 내가 된다.

지금까지 자기돌봄을 자아의 일부로 만들기 위해 필요한 내적인 변화에 대해 살펴보았다. 이제는 행동으로 관심을 돌려보자. 안에서 시작되는 자기돌봄은 우리를 어떤 식으로 걷고 말하고 관계 맺게 할까? 세상에 어떤 모습으로 나타날까? 다음 장에서는 의무감으로 하는 일회성이 아니라 아예 자아와 합쳐진 기본적인 삶의 방식으로서 자기돌봄을 실천하는 방법을 살펴볼 것이다. 단순히 안전과 호감을 추구하려는 목적으로 우리를 지치게 만드는 방식의 자기돌봄이 아니다.

9장   나의 진실 말하기

피오나의 40번째 생일을 사흘 앞두고 남편 래리는 그녀에게 무슨 선물을 원하는지 물었다. 직장 업무가 바빠서 아직 쇼핑을 하지 못했다면서 저녁 식사 예약을 위해 여러 레스토랑에 전화를 걸어보았다는 설명도 덧붙였다. 하지만 모든 식당의 예약이 모두 꽉 차 있으니 그냥 집에서 맛있는 음식을 주문해서 먹자고 했다.

래리는 피오나에게 원하는 것을 물어보았지만 사실은 그녀가 원하는 것을 얻지 못할 수도 있다고 알려준 것이다. 피오나는 생일에 외식을 하고 싶었지만 어떤 상황이든 잘 해결하는 쪽으로 가야 한다고 배웠다. 당신도 그렇게 생각할지 모른다. 그 누구에게도 불편을 끼치지 말고 사람들에게 수고가 필요한 일을 요구하지 말라는 것이 세상이 여자들에게 준 기본 지침이니까.

여자들이 어렸을 때부터 주입받고 마음속에 깊이 뿌리내리는 믿음이 있다. '착하게 굴어라. 문제를 일으키면 안 된다.' 그런 행동 방식에는 수많은 혜택이 따른다. 그중에서도 그렇게 행동하지 않았을 때 가해질 타인의 비판을 피할 수 있다는 사실이 가장 중요하다. 만약 피오나가 어릴 적의 가르침대로 착한 아이였다면 그녀는 래리가 그녀의 40번째 생일에 특별한 선물을 해주지 않으리라는 것을 알게 되었을 때 그 순간을 래리를 돌보는 기회로 이용했을 것이다. 그가 아무것도 준비하지 않았지만 괜찮다고 했을 것이다. 여기에서 착하게 행동한다는 것은 그녀의 기분에 상관없이 래리의 기분이 상하지 않게 해주어야 한다는 뜻이니까.

피오나는 문제를 일으키려고 하지 않는 착한 모습의 그녀가 그런 상황에서 할 법할 말을 들려주었다. "'아, 그렇구나. 생각해 줘서 고마워. 그래, 생일에 특별한 음식을 배달해서 집에서 먹는 것도 좋을 것 같아… 당신이 바쁘니까 내가 좋아할 만한 게 눈에 띄면 그때 선물로 사줘. 언제든지 괜찮아.' 여기에다 한술 더 뜨면 이렇게 말했겠죠. '고마워. 하지만 아무것도 안 해줘도 돼'라고 말이에요."

하지만 이번에 피오나는 착한 여자가 되지 않기 위해 용기를 냈다. 남편에게 진실 그대로를 말했다. 자신도 놀랄 말큼 단순명료하고 솔직하게. 그녀는 자신의 바람을 무시하지 않았고 까다롭거나 잔소리가 심하거나 감사할 줄 모른다거나 같은 온갖 모욕을 자신에게 던지지도 않았으며 왜 자신이 원하는 것을 받을 자격이 있는지에 대해 요란하게 이유를 대지도 않았다. 그저 생일에 선물을 받고 싶고 그가 그녀를 위해 특별한 시간을 준비해 주었으면 정말로 기쁠 것이라고 간단명료하게 말했다. 그리고 이렇게 덧붙였다. "그게 내가 내 생일에 원하는 거야." 그 말도 사실이었다. 이 순간을 매우 강력하게 만든 것은 단순함이었다. 말에 포함된 것이 아니라 포함되지 않은 것이 더욱더 빛났다. 피오나는 아무런 꾸밈없이 진실이 혼자 힘으로 서게 내버려 두었다. 자신의 진실이 자연스럽게 드러나도록 한 것이다.

안타깝게도 관계 속에서 솔직함과 명확성을 추구하기란 많은 여성들에게 어렵고 겁나는 일이다. 스스로 생각하기에 불편하거나 어렵거나 받을 자격이 없는 것 같은 일을 부탁할 때는 특히 그렇다. 우리는 우리의 진실이 다른 사람의 진실과 일치하지 않으면 그들에게 상처를 주거나 공격적이거나 배려 없는 행동이라고 믿는다. 중요한 관계를 희생시키고 사랑하는 사람들과의 유대를 위험에 빠뜨릴 것이라고 말이다.

다시 말하지만 이 믿음은 잘못된 것이다. 우리는 진실할 수 있다. 알아차림과 주의하는 마음이 있으면 사람들과의 유대를 지키면서 거절할 수 있다. 우리는 단지 그런 일이 가능하고 어떻게 하는지를 배우지 못했을 뿐이다. 진실을 말하는 것은 진정한 연결의 시작이다. 만약 주의 깊게 실천한다면 사랑하는 사람들과의 유대가 더욱더 탄탄해질 것이다.

이 경우 피오나는 평소처럼 파트너가 원하는 방향으로 흘러가도록 부수적인 것들을 추가하지 않고 그저 자신의 진실만을 말했다. 남편의 경험을 성공적으로 관리하기 위해 감미료를 추가하지도 않았다. 그 단순하지만 대담한 문장 하나로 그녀는 큰 걸음을 내디뎠고 그녀의 여정에서 심오한 무언가를 이루었다. 그녀는 분명히 알 수 있었다. 결과적으로 피오나는 그녀의 생일에 무슨 일이 일어났든 살아 있음과 자랑스러움을 느꼈고 무엇보다 진정한 자신을 발견했다. "나에게 최고의 생일 선물을 주었어요. 바로 나 자신!"

착한 여자 되지 않기

피오나의 사례처럼 우리는 아무리 사소한 것이라도(대수롭지 않거나 사소한 진실이란 없다) 자신의 욕구와 필요에 대해 진실하고 당당하게 말하면 더 이상 호감을 얻는 일에 연연하지 않게 된다. 불만을 표현하고 현재 상황에 만족하지 않도록 스스로에게 허락할 때 우리는 자신을 변화시킨다. "아니, 난 그게 마음에 들지 않아." "아니. 나한테는 안 맞아. 내가 원하는 건 ~야." 이렇게 거절하기만 해도 긍정적인 변화가 일어난다.

이 예시에서 피오나가 실천한 두 번째 프로세스는 자신의 진실을 표현하고 그 진실에 대한 사람들의 반응이 어떻든 그대로 받아들인 것이다. 타인과의 상호작용에 엄연히 포함되는 자신의 경험에 주인의식을 갖고 결과와 반응을 통제하려는 것을 포기할 때 우리는 다른 사람들의 경험을 책임져야 한다는 부담감에서 벗어난다. 감정의 교통 관제사 역할에서 벗어나 사람들이 자신의 감정을 직접 관리하도록 두어야 한다.

마지막으로 자신이 원하는 것에 대해 솔직하고 당당한 모습을 보인 피오나는 우리의 경험이 중요하고 우리의 진실이 타당하며 우리의 욕구가 테이블의 중앙에 앉을 자격이 있다는 것을 전달하는 방법을 알려준다. 또한 우리의 욕구가 추가적인 관심이나 특권을 요구하는 것이 아님을 알 수 있다.

래리는 피오나에게 그녀의 감정에 불편함을 느낀다는 사실을 분명히 전달했다. 하지만 피오나는 남편이 거슬리게 생각하더라도 자신이 느끼는 감정을 자신의 잘못이나 책임으로 여기지 않고 진실에 다가갈 수 있었다. 자신의 경험을 똑바로 바라볼 수 있었다. 많은 여성들에게 이러한 자기 정렬은 혁명과도 마찬가지다.

나의 진실은 다른 사람들이 듣고 받아들이기 어려울 수 있지만 나만은 그 진실과 함께 설 수 있다. 세상이 보내는 시선처럼 내가 까다롭고 남들을 불편하게 만드는 사람이라는 생각에 빠지지 않은 채로 말이다. 우리는 다른 사람들의 눈에 어떻게 보이는지에 연연하지 않고 나의 경험을 온전히 지킬 수 있다. 남들이 불편함을 마주해도 나의 경험에 담긴 타당성과 존엄성을 지키고 나를 정의하려는 사회의 서사와 투영에 맞서는 것이다(자세한 내용은 나중에 다시 살펴보자). 피오나는 이렇게 멋진 말로 표현했다. "생일 선물을 받고 싶다고 말하는 것이 그렇게 신나는 일일 줄, 내가 받을 수 있는 최고의 생일 선물이 될 줄 몰랐어요!"

나와 함께 서기

자기돌봄은 자신의 편에 서서 자신의 진실과 연결되고 그 진실에 충성하는 쪽을 선택하는 것이다. 아무리 힘들고 어색하고 인기 없고 무서운 일이라도 계속 그렇게 해나가야 한다. 심지어 좋게 넘어가기 위해 진실을 무난하게 바꾸는 쪽이 훨씬 더 쉽고 편안할 것 같을지라도.

하지만 우리는 상황을 그냥 좋게 넘기는 방법을 잘 알고 있으며 꽤 능숙하기까지 할 것이다. 무슨 일이 있어도 좋게 해결하려고 애쓰다 보면 정말로 상황이 순조롭게 진행되기도 하지만, 아무도 나를 알아주지 않고 내가 진짜로 존재하는 사람 같지도 않고 불행해지는 결과를 초래할 수도 있다. 진정한 자기돌봄은 상황을 좋거나 매끄럽게 만드는 것이 아니다. 무슨일이 있어도 자신을 버리지 않고 지금까지 알아온 것보다 더힘들고 때로는 험난한 길을 선택하는 것이다. 무엇보다도 자신과 함께 서고 함께 머무르는 것이다.

"정말 짜릿한 기분이었어요!" 아스트리드가 숨을 헐떡이며 말했다. "누가 처음 한 말인지도 모르겠지만 꼭 다른 내가된 것 같았어요!" 이 똑똑하고 아름다운 51세 여성은 동료의제안을 마침내 거절했다고 말하고 있었다. 동료가 자랑스럽게 제안한 기회였지만 아스트리드가 생각하기에는 자신이 아닌 동료의 경력에 도움 되는 일일 뿐이었다. 그 제안을 거절한것이 그렇게 짜릿했던 이유는 거절했다는 사실 자체가 아니라거절한 방식 때문이었다. "저는 그렇게 좋은 기회를 줘서 고맙다고 말하지 않았어요(전혀 좋은 기회가 아니었거든요). 나를 생각해 줘서 고맙다고 했고 정중한 태도로 나는 그 일에 관심이없고 내 커리어가 나아갈 방향이 아니라고 말했죠. 그 프로젝트를 원하지 않는 것에 대해 미안하다고 사과하거나 그런 기회를 마다한 내가 잘못이라고 설명하지 않았어요. 그저 나 자신을 분명하고 정직하게 표현했죠. 내가 거절해도 동료가 괜찮은지, 나에게 화난 건 아닌지 확인하려는 말은 하나도 덧붙이지 않고요. 믿기지 않을지도 모르지만 성인이 된 후 정말로 친한 친구들을 제외하고 상대방이 어떻게 반응할지 걱정하지 않고 이렇게 제 생각을 있는 그대로 드러낸 건 처음이에요."

아스트리드의 반응이 근본적으로 다르고 흥분되는 이유는 피오나처럼 평소 여자들이 고민하고 걱정하는 것들을 전부 제쳐두었고 그저 상황이 무사히 해결되도록 하얀 거짓말로 진실을 덧칠하지도 않았기 때문이다. 그녀는 쓸데없이 많은 말을 하지 않았고 그저 단순명료하게 말함으로써 진실이 저절로 드러나도록 했다. 고마움을 모르거나 잘난 척하는 사람처럼 보이지 않고 상대방을 실망시키지 않을 방법을 찾으려고 애쓰면서 상대방에 대한 감사와 상대방의 중요성을 드러내려고 노력하지도 않았다. 그렇게 마음속으로 온갖 장애물을 넘으려고 하다 보면 결과적으로 자신의 욕구와 경험을 무시하고 상대방과 생각이 다르다는 사실도 드러내지 못한다. 아스트리드의 이야기는 마음의 힘겨운 장애물 넘기를 멈추어야만 자신에게 필요한 것을 얻을 수 있다는 것을 보여준다.

물어볼 용기

헤이즐은 주간에 근무했지만 목요일 밤에는 직장에서 멀

리 떨어진 클럽에서 가수로도 일했다. 목요일에는 퇴근하자마자 지하철역에서 옷을 갈아입고 화장도 하고 클럽으로 바쁘게 달려가곤 했다. 하지만 지하철 운행 시간이 워낙 불규칙해서 클럽에 도착하자마자 아무런 준비도 하지 못한 채로 곧장 무대에 올라가야 했다. 정해진 시간에 맞추지 못할 때도 있었다. 하지만 헤이즐은 투잡에 따르는 신체적, 정신적인 스트레스를 받아들였다. 좋아하는 일을 할 수 있다는 것이 커다란 행운이라는 사실을 자주 되새겼다.

그녀는 10년 가까이 같은 회사에서 일하고 있지만 고용주에게 목요일 저녁에만 10분 일찍 퇴근하거나 다른 날에 10분을 채워도 되는지 물어볼 생각을 해본 적도 없었다. 그녀가 그런 부탁을 할 생각조차 하지 못한 이유는 이러했다. "고용주가 제 사정에 맞춰줄 의무는 없으니까요." 헤이즐이 생각하기에 좋아하는 일을 하기 위해 특별대우를 요구하는 것은 자신이 특별하고 그런 특권을 받지 못하는 사람들보다 낫다고 생각한다는 뜻이므로 당연히 해서는 안 될 부탁이었다. 게다가 자신에게 맞춰달라고 요구한다면 동료들에게 짐처럼 느껴질 테니 역시나 그런 부탁을 한다는 것은 생각조차 할 수 없는 일이었다.

알고 보면 작은 부탁이지만 헤이즐은 그런 부탁을 한다는 것은 자신이 특별한 보살핌을 필요로 한다는 뜻이고 약하다는 사실을 인정하는 것이라고 생각했다. 다른 요일에 채워 넣으면 되는데도 10분 먼저 퇴근한다면 그녀가 항상 자랑스럽게 생각하는 자립적인 여성이 아니라는 뜻이었다. 남에게 도움을 청하는 것은 약하고 무력한 사람처럼 느껴졌다. 그래서 헤이즐은 다른 사람들을 성가시게 하는 위험을 무릅쓰지 않았고 오랫동안 혼자 힘으로 상황을 헤쳐나갔다.

그런데 어떤 일이 일어났다. 헤이즐은 유명 프로듀서가 그녀의 공연을 보기 위해 클럽에 온다는 소식을 들었다. 그녀가 오랫동안 꿈꿔온 일이었다. 당연히 그녀는 유명 프로듀서에게 발굴될 절호의 기회를 불규칙한 지하철 운행 시간에 맡기고 싶지 않았다. 너무도 중요한 기회이므로 절대로 허무하게 잃고 싶지 않았다. 부정할 수 없는 강렬한 욕구가 헤이즐에게 필요한 것을 부탁할 용기를 주었다. 약하고 자만심이 강한 사람처럼 보이고 남들이 성가시거나 부담스러워할 위험을 감수할수 있는 용기를 주었다. 그녀는 친구들을 상대로 그리고 머릿속으로 수십 번 연습한 대로 상사에게 절대로 늦으면 안 되는 행사가 있어서 10분 일찍 퇴근해야 한다고 다소 사무적으로 말했다. 상사는 더 이상 물어보지도 않고 고개를 끄덕였다. 헤이즐은 너무 신기해서 눈이 커졌다. 너무도 쉽게 해결된 것이었다.

지적이고 성공한 여성이 그렇게 사소한 부탁을 위험한 것으로 느끼다니 놀랍다. 그뿐인가, 강하고 똑똑하고 유능한 여자들에게 진실을 말하고 원하는 것을 요구하는 방법을 책의 한 장을 들여서까지 가르쳐주어야 한다니 얼마나 이상한 일인가. 그만큼 우리가 원하고 필요한 것을 부탁하기란 너무도 어려운 일이다. 우리 여자들은 아무리 인생이 불편하고 힘들어지는 한이 있어도 자신을 위한 부탁을 절대로 하지 않는 쪽을 선택한다. 엄청난 시련을 겪은 다음에야 부탁의 위험을 무릅쓴다. 그전까지는 다른 방법이 있다는 것을 절대로 알지 못한다.

피오나와 아스트리드처럼 헤이즐에게도 합리화하거나 사과하거나 상사의 반응을 통제하려고 하지 않고 단순히 실제로 필요한 것을 요구한 일은 인생을 바꾸는 사건이었다. 그것은 헤이즐의 커리어에 변화를 가져왔을 뿐만 아니라(그녀는 전업 가수가 되었다) 그녀 자신을 변화시켰다. 헤이즐의 표현에 따르면 그녀를 "해방"시켰다. 그뿐만 아니라 진정으로 자신을 돌본다는 것이 무엇인지 알게 되었고 결과적으로 필요한 것을 얻었다.

불편해도 괜찮다

우리는 어렸을 때부터 다른 사람들을 행복하게 해주어야

할 의무가 있다고 배운다. 그 믿음의 양면도 우리에게 깊이 새겨졌다. 그 누구도 불편하거나 불쾌한 상태로 놓아두어서는 안 된다고. 우리는 그것을 절대로 참을 수 없는 상태라고 여긴다. 상대방이 절대로 참을 수 없을 것이라고 말이다. 그러나 흥미롭게도 우리는 불편함이나 불쾌함을 자신이 견딜 수 있는 상태라고는 생각하지 않는다. 나는 괜찮지 않아도 괜찮다. 어떻게든 해결할 것이고 살아남을 것이다. 하지만 다른 사람들은 불편함을 느끼면 안 된다. 그들이 괜찮다고 해도 내가 괜찮지 않다. 누군가의 불편한 상태를 즉시 바로잡지 않고 그대로 내버려 두면 부주의하고 이기적인 일이라고 우리는 생각한다. 그것은 우리 자신의 실패이다. 그런 일을 허용하는 것은 여성으로서 할 일을 하지 않는 것과도 같다.

진정으로 자신을 돌보려면 불편함의 개념에 대한 학습된 생각에서 벗어나야만 한다. 다른 사람들의 불편함을 허용하는 방법을 배워야 한다는 뜻이다. 용납할 수 없거나 참을 수 없다고 생각되는 모든 것으로부터 사람들을 지키기 위해 애쓰는 것을 그만둬야 한다. 당신이 어려운 감정을 견딜 수 있는 능력이 있는 것처럼 다른 사람들에게도 그런 능력이 있다. 이것은 매우 좋은 소식이다. 사람은 누구나 불쾌함, 불만, 불편함을 비롯한 부정적인 상태에 머무를 수 있고 이겨낼 수도 있다. 나뿐만 아니라 모두에게 해당한다. 역설적이지만 다른 사람들이 자신을 돌보기 위해 필요한 것을 스스로 결정하도록 내버려두어야만 우리도 나를 돌볼 수 있다. 불편함에 대한 반응으로 내가 배우고 성장하고 변화하는 것처럼, 다른 사람들도 마찬가지이다. 그렇게 되도록 내버려 두어야 한다.

앞에서 여러 번 말했지만 또 강조해야겠다. 다른 사람들이 원하는 모습의 내가 아니라고 실패했다는 뜻이 아니고 그들을 실망시켰다는 뜻도 아니다. 다른 사람들이 부정적인 감정을 느낀다고 내가 나쁜 일을 했거나 나쁜 사람이라는 뜻이 아니다. 이 사실을 꼭 기억하자. 용감하게 진실을 말하고 솔직한 감정을 표현하고 필요한 것을 드러낼 때, 나의 욕구와 나의 경험을 통제하지 않고 있는 그대로 타인이 경험하게 할 때, 우리는 실패한 것이 아니다. 오히려 여자로서 가장 혁명에 가까운 성공을 거둔 것이다. 이 단계들을 실행에 옮기면 우리는 매일 새롭게 태어난다. 문자 그대로 매일 새로운 자아가 탄생하므로 매일이 생일이다.

그러나 모든 새로운 것이 그러하듯 진실을 말할 때 우리는 불안하고 초조해진다. 새로운 것은 불편하고 낯설기 마련이다. 하지만 불안과 두려움이 아무리 커도 꿋꿋하게 진실과 함께 서면 조금씩 쉽고 자연스러워진다. 더 이상 진실을 무난하고 '착하게' 만들거나 어떻게든 안전하고 부드럽고 호감 가게 만드는 데 감정 에너지를 전부 쏟아붓지 않으면 우리는 자유로워지고 진정한 나로 살아갈 수 있다.

시간이 지남에 따라 진정한 나로 살아가는 이 삶의 방식은 노력이 덜 필요해지고 무서움도 줄어든다(이것만큼은 장담할 수 있다). 안에서 우러나오는 대로 진짜 나로 살아가는 것이 마침내 제 옷을 입은 듯 편안하게 느껴진다. 더 이상 일부러 꾸며낼 필요가 없어진다. 예전에 그렇게 일부러 애써서 노력해야만 했다는 사실이 믿어지지 않는 때가 온다. 결국 연습을 통해 우리의 진실은 자신이 누구이고 어떤 식으로 세상을 살아가는지와 뗄 수 없는 관계가 된다. 그렇기에 지치지 않으며 오히려 에너지 넘치는 자신을 발견하게 된다.

진짜 내가 되는 연습은 위험을 감수할 가치가 있다

우리 여자들은 터무니없는 거짓을 믿도록 배웠다. 우리 자신을 돌보는 것은 다른 사람들이 원하는 내가 된다는 뜻이므로 진정한 욕구와 필요를 관리하고 남들에게 호감을 주지 못하는 모습은 없애버려야 한다고. 이렇게 자아를 바꾸는 과정이 초래한 결과를 그동안 우리는 그냥 무시하거나 자신의 안전과 행복을 지키기 위해 필요한 희생으로만 여겼다.

그러나 남들이 원하는 모습으로 살아감으로써 일어나는 결과를 절대로 가벼이 여기면 안 된다. 그것은 안전이나 행복을 위한 필수적인 희생도 아니다. 결과적으로 내가 사라진다. 남들이 원하는 모습으로 살면 자신이 진정으로 원하는 것을 챙길 수 없으므로 결국 내가 버려진다. 진정한 내가 되는 대신 남들에게 받아들여지고 남들의 호감을 얻기 위해 나를 배신한다면 절대로 진짜 욕구가 충족될 수 없다.

자기돌봄은 우리가 지금까지 배운 것과 완전히 다르다. 진정한 자기돌봄은 남들이 좋아하는 사람이 되는 방법을 찾는 것이 아니다. 다시 한번 말한다. 진정한 자기돌봄은 남들이 좋아하는 사람이 되는 방법을 찾는 것이 아니다. 자신이 누구인지 이해하고 자신의 경험과 지식을 믿는 용기를 갖는 것이다. 자기돌봄은 다른 사람들에게 호감을 주는 것에서 진실을 말하는 것으로 초점이 바뀔 때 가능하다. 모든 사람의 마음에 들지 못할 수도 있다는 뜻이다. 그래도 괜찮다. 나의 진실을 시금석과 닻으로 삼으면 항상 자기 편이 될 수 있다. 이것은 남들에게 얻는 호감과는 비교도 안 될 만큼 값진 일이니까.

진실을 말하고 필요한 것을 요구할 기회는 사소한 것부터 심오한 것까지 일상에서 매일 나타난다. 따라서 기회를 알아차리고 잡는 것이 중요하다. 커피에 우유를 좀 더 넣어달라고 하거나 참석하고 싶지 않은 모임을 거절하는 것처럼 아주 작은 일부터 시작해도 된다. 그다음에 배우자나 친구 등 주변 사람에게 정서적으로 필요한 것을 요구하는 것처럼 더 큰 단계로 나아간다.

　우리가 말하는 모든 진실은 중요하다. 진정한 나를 되찾고 자신과 다시 이어지기 위해 꼭 필요한 단계이다. 내용이나 맥락에 상관없이 있는 그대로의 진실을 말하고 솔직한 모습을 보일 때마다 우리는 익숙한 지대를 벗어난다. 그때마다 우리의 감정 에너지가 새롭게 채워지고 영양분이 공급된다. 자신의 진실을 가장 중요하게 여기며 헌신하고 무슨 일이 있어도 자신을 버리지 않고 함께 있겠다고 다짐할 때, 진정으로 자신을 돌보는 삶이 시작되고 지친 마음이 치유된다.

10장   나의 이야기 쓰기

처음 만났을 때 그웬은 희극배우로 일하고 있었다. 아직 유명하지는 않았지만 일이 조금씩 잘 풀리고 있었다. 그녀는 자신을 혹독하게 밀어붙이는 예술가였다. 금방이라도 쓰러질 것처럼 피곤해도 절대로 오디션을 빠뜨리지 않았고 그 어떤 기회도 거절하지 않았다. 아무리 사소해 보여도 기회가 쌓이고 쌓여서 크게 터질 수 있으리라고 믿었다. 그웬은 오디션을 보거나 사람들을 만나거나 (언제든 카메라 앞에 설 수 있도록) 운동을 하느라 바쁜 와중에도 각본을 쓰고 영상을 만들고 아르바이트에도 지원했다. 저렴한 동네에 있는 작은 원룸의 월세를 내기 위해 웨이트리스와 바텐더로도 일했다.

그웬은 자신에게도 엄격했다. 그 무엇 하나에도 소홀하면 절대로 정상에 오를 수 없다는 믿음으로 자신을 몰아붙였다. 그뿐만 아니라 그녀는 성공을 위해 뭐든 기꺼이 해보려고 하지 않을 때마다 자신을 비난했다. 하지만 끝이 보이지 않는 의무를 짊어진 채 내면의 비판자에게 가혹한 소리까지 들으며 자신을 몰아세우는 삶은 너무도 지치고 고통스러웠다.

10년 동안 가차 없이 자신을 몰아붙였지만 그녀의 커리어에는 그렇게 큰 변화가 없었다. 하지만 피로와 불만은 훨씬 커져 있었다. 10년 동안 절대로 거절하지 않는 삶을 살아온 그녀는 지쳤고 실망했고 억울함마저 느꼈다. 항상 자신의 시대가 올 것이라고 말하며 자신을 격려했지만 가능성은 점점 희박해졌고 이제는 더 이상 믿어지지도 않았다. 가장 중요한 것은 나중에 유명해졌을 때 일어날 상상의 삶이 아니라 지금의 삶에 점점 싫증이 났다는 것이었다.

많은 눈물을 흘리면서 고민한 그웬은 더 이상 고군분투하고 싶지 않다는 사실을 마침내 인정했다. 그녀는 지금 살고 싶은 삶을 원했다. 드디어 현재의 경험과 현재의 고통에 주의를 기울이게 된 것이다. 그웬은 희극배우를 그만두고 대학원에 들어가기로 결정했다.

그러자 거의 즉각적으로 변화가 찾아왔다. 그녀는 태어나 처음으로 평화를 느꼈다. "지금 여기가 아닌 다른 곳에 가고 더 중요한 사람이 되기 위해 필사적으로 노력하지 않아도 되었어요." 그녀는 한가하게 즐기는 동네 산책을 좋아하게 되었다. 예전 같으면 절대로 용납할 수 없는 일이었다. 그녀는 아이러니하게도 힘든 시간을 거친 후 이제는 더 이상 애쓰지 않고 끝없는 노력의 쳇바퀴에서 내려올 용기가 생겼다는 사실에 자부심을 느꼈다.

그리고 그웬은 브렌든을 만나게 되었다. 그녀의 새 남자친구는 큰 키에 검은 피부, 잘생긴 외모의 제트족이자 성공 가도를 달리고 있는 사업가였다. 야망과 재능이 넘치는 그는 (예전의 그웬처럼) 다음 거래를 성공시키기 위해 무슨 일이든지 했다. 행사에 참석하고 인맥을 쌓고 무조건 남들보다 몇 배로 더 노력했다. "브렌든은 항상 더 크고 더 나은 것을 쫓았고 보통은 손에 넣었어요. 예전 나의 성공한 버전이죠."

얼마 지나지 않아 그웬은 다시 희극배우로 돌아가고 싶은 마음이 들었다. 삶이 지루했고 스스로 실패자가 된 것 같았다. 불과 몇 주 전까지만 해도 재미있다고 생각했던 공부도 아무런 의미가 없어졌다. 그녀가 진정한 삶이라고 자랑스러워했던 즐겁고 용감한 인생은 평범하기 짝이 없고 초라한 것으로 전락했다. 자신에 대해서도 지루하고 부족한 사람이라는 생각이 들기 시작했다.

그웬은 삶의 의미와 연결이 끊어졌다. 이제는 자신의 삶을 남자친구의 시선(혹은 그녀가 생각하는 남자친구의 시선)으로 보고 경험하고 있었다. 자신에 대한 생각이 오로지 브렌든이 그녀를 어떻게 보는지로 결정되었다. 그웬이 자신의 인생 여정에 대해 느꼈던 존중심은 사라져 버렸다. 이제 남은 것은 제트기를 타고 다니는 남자친구가 그녀에게 붙이는 이름표뿐이었다 (자신이 남자친구가 보기에 너무 지루하거나 너무 못난 것이 아닐지 고민했다).

우리는 자신도 모르는 사이에 이런 일을 하고 있다. 자신의 진실, 즉 자신의 인생 여정에 담긴 의미를 무시하고 다른 사람들의 이야기와 의미, 그들의 시선으로 그것을 대체한다.

자신을 버리는 습관을 고치고 싶다면 먼저 그런 습관이 있음을 알아차려야 한다. 자신의 지식과 경험을 버리고 남들의 시선으로 인생의 가치를 정하려는 생각을 버려야 한다. 또한 내 인생의 의미가 남의 손과 남의 가치를 바탕으로 쓰이도록 내버려 두는 습관도 알아차려야 한다. 이런 습관과 그 습관이 가져오는 고통을 알아차린다면 멈출 수 있다.

다른 사람의 이야기 속 캐릭터

나오미는 6년 동안 사랑을 나눌 때 형식적으로 몇 번 키스를 하고 그다음에는 성관계를 하고 그다음에는 각자 잠드는 결혼생활을 해왔다. 일상에서는 손을 잡거나 포옹하는 '애정 표현'이 전혀 없었다. 나오미는 예전에 남자친구를 많이 사귀어보았는데 침대에 누워 이야기하고 웃고 껴안는 것이 정말 좋았다. 그녀는 접촉, 유대감, 육체적 친밀함을 갈망했다. 그러나 종교를 포함한 복잡한 이유로 그녀는 성실한 가장이지만 육체적인 친밀감에는 거의 관심이 없는 남자와 결혼했다. 남편은 다소 겁을 먹고 거부감마저 느끼는 것처럼 보였다. 그들의 결혼생활은 여러모로 원만했지만 그래도 여전히 나오미는 정말로 필요한 것을 얻지 못하는 생활이 외롭고 불만스러웠다.

그러다 마침내 진실을 말하는 것은 선택이 아니라 필수가 되어버리는 순간이 왔다. 그녀는 더 이상 하루, 한 시간, 심지어 1분이라도 괜찮은 척할 수 없는 상태에 이르렀다. 몇 년 동안 자신의 욕구를 억누르려고 마라톤을 뛰면서까지 노력했지만 성공하지 못했다. 그래서 결국 진실을 말할 수밖에 없다. 그녀는 남편에게 너무 외롭고 애정과 친밀감에 굶주려 있다고 말했다. 결혼생활에서 더 많은 접촉과 육체적인 연결, 친밀감을 간절히 원한다고 털어놓았다.

남편의 반응은 그녀가 바라던 것이 아니었다. 남편은 자신과의 결혼생활이 그렇게 불행하고 불만족스러우면 다른 남자를 찾으라고 했다. 자신이 그렇게 실망스러운 남편이라면 인제 와서 노력해도 무슨 소용이겠느냐고. 처음부터 다 알고 결혼한 것 아니었느냐고 했다. 원래 자신은 신체적 접촉을 그렇게 좋아하는 사람이 아니었는데 어느 날 갑자기 바뀔 리가 있겠느냐고. 마지막으로 남편은 어쩌면 집안이 더 깔끔하다면 그녀에게 키스를 더 하고 싶어질 것이라고 했다. 집안이 깨끗한 것이 그가 갈망하고 필요로 하는 것이었다.

이제 나오미에게는 두 가지 선택지가 있는 듯했다. 남편과 결혼생활을 있는 그대로 받아들이고 자신의 감정이 너무 위험하니 그토록 갈망하는 친밀감 없이 살아가든가, 아직 세 명의 아이들이 너무 어리고 전업주부라 수입도 없지만 결혼생활을 끝내든가. 후자는 자신이 없었다.

그래서 그녀는 가슴 아프지만 자신에게 등을 돌리는 쪽을 선택했다. 가슴에 귀 기울이지 않기로 했다. 나오미는 자기가 훌륭하고 너그러운 남편에게 지나치게 많은 것을 요구하는 배은망덕한 여자이자 그녀의 표현처럼 "세계 최고의 악처"라고 믿게 되었다. 남편이 줄 수 없는 것을 원하고 그에게 모자람을 느끼게 하여 고통으로 밀어 넣는 나쁜 여자였다. 그녀는 그럴 권리가 없는 데도 남편을 부정한 것이었다. 한마디로 나오미가 내린 결론은 자신의 요구가 불공평하고 과도하며 타당하지 않다는 것이었다.

나오미는 많은 여자들이 하는 일을 했다. 남편이 피해자인 이야기에 곧바로 뛰어들어 가해자의 역할을 맡았다. 그러면 우리는 타당하지 않은 경험과 자격 없는 요구에 대한 책임과 비난을 떠맡는다. 가해자로서 우리는 우리의 경험에 대한 비난을 받아들일 뿐만 아니라 그 경험을 다른 사람에게 가함으로써 자신의 진실로 타인을 희생자로 만들었다는 비난까지 받아들인다. 그렇다면 해결책은 우리가 죄책감을 느끼고 잘못을 만회하고 해로운 경험을 제거하고 필요한 것을 얻으려는 노력을 멈추고 모두에게 만족스럽고 효과적인 상황을 만드는 것이다. 늘 그래온 것처럼.

이런 사고방식에 익숙하다면 당신의 감정적 소진은 다른 사람들의 방식으로 자신을 정의한다는 사실 때문일 것이다. 그들의 이야기 속의 나를 진짜라고 믿기 때문이다. 그들이 나를 경험하는 방식대로 자신을 경험하는 것이다. 따라서 자신을 좋아할 수 있도록 자신에 대한 모든 사람의 경험을 통제하고 수정하고 긍정적으로 만드는 데 온 에너지를 쏟아붓는다. 그러나 자신의 정체성과 경험을 타인이 정의하도록 내버려 두고 타인의 이야기가 나의 현실 대본을 쓰도록 가만히 두면 우리는 방향도 중심도 잃는다. 자신과 자신의 진실로부터 완전히 떨어져 나간다. 마음이 지칠 수밖에 없다.

자율성으로의 전환

아이러니하게도 우리는 다른 사람들의 경험을 파악하고 관리하는 데는 달인이면서 자신의 경험을 헤아리는 방법은 배우지 않는다. 다른 사람들로부터 완전히 별개이고 자유로운 나만의 진실, 전적으로 나만의 경험이 존재할 수 있다는 것은 생각만으로도 파격적이다.

많은 여자들이 그렇듯 당신은 자신과 자율적인 관계를 맺어본 적이 없을지도 모른다. 바로 그 이유에서 그런 관계가 꼭 필요하다. 이제부터 자신에 대해 깊이 이해하고 자세히 알고 싶은 사람이라고 생각하라. 정말로 아끼는 사람에게 하듯 앞으로 마음속에서 일어나는 모든 경험에 친절하고 판단하지 않으며 확고한 태도로 온전히 관심을 기울인다. 내가 아닌 타인의 감정, 타인의 견해와 비판에 휘둘리지 말고 오로지 자신의 눈과 마음만으로 자신의 진실을 발견하기 시작하라. 무슨 일을 왜 하고 무엇이 중요하고 무엇이 진실인지 그리고 궁극적으로 내가 누구인지를 정의할 수 있는 사람은 세상에 나뿐이라는 사실을 계속 되새겨라. 이제부터 자신의 이야기를 주장하고 그 안에서 당당하게 서라.

자신의 진실을 더 많이 인정하고 존중할수록 동의하거나 찬성해 줄 다른 누군가가 필요하지 않게 된다. 오히려 자신에게 인정받아야 할 필요성과 긴급성이 커질 뿐이다. 남들이 생각하는 내 모습을 그대로 받아들이거나 통제할 필요성도 없어진다. 내 마음의 진실에 대해 외부의 허락을 얻으려고 하고 내 자아의식을 남들에게 맡기는 것이 얼마나 우스꽝스러운지(그리고 비극인지) 알아차리는 것이 열쇠이다. 이 열쇠를 손에 넣으면 다른 사람들의 마음에 들어야 한다는 욕구가 나 자신의 마음에 들고 싶은 욕구로 바뀐다.

지금까지 살면서 배운 것과 달리 자신을 돌보면 남들을 돌보지 못하게 되는 것이 결코 아니다. 자신을 돌보는 것과 남을 돌보는 것이 서로 동시에 일어날 수 없는 일이라는 생각은 우리가 자신의 욕구를 무시하고 거부하게 만들도록 학습된 믿음이다. 연습을 통해 자신의 경험을 인정하고 존중하는 동시에 다른 사람의 경험을 이해하고 공감할 수 있다는 사실을 발견하게 될 것이다. 어느 한쪽의 욕구가 타당하거나 틀릴 수가 없다. 두 개의 진실은 서로 근본적으로 다르거나 심지어 충돌해도 둘 다 진실일 수 있다. 게다가 우리의 심장은 모든 진실을 담을 수 있을 만큼 크다.

삶을 바꾸고 감정적 소진에서 치유되고 싶다면 불편할 수도 있는 낯선 길로 발을 내디뎌야 한다. 이 길이 어디로 이어질지 두려워도 걸어가야 한다. 그 새로운 길에 발을 내디디고 계속 걸어간다면 지금까지 자신의 행동을 지배한 사회와 환경을 가르침을 적극적으로 거부하게 될 것이기 때문이다. 이것만은 약속하겠다. 자신과 세상과 새로운 방식으로 관계를 맺는 법을 계속 연습하면 언젠가 불편함과 불신, 두려움은 녹아 없어지고 힘과 명료함, 활력이 샘솟으며 당신이 새롭게 피어날 것이다.

다른 사람들과 함께 있을 때도 자신과 연결되는 방법을 알고, 남들이 어떻게 받아들이고 판단하고 다시 쓰려고 하든 나의 진실을 꽉 붙잡고 놓치지 않는다면 감정의 소진을 일으키는 믿음과 행동을 떨쳐버릴 수 있다. 자신과 단절되게 하고 지혜를 고갈시키는 프로그램을 제거하면 나의 행복이 있는 마음의 집으로 돌아갈 수 있는 것이다.

깊고 깊은 재충전의 원천이 이미 우리 안에 있다. 그것은 바로 우리 자신이다.

11장 재충전

: 내 편에 서기

나는 이 책을 질문으로 시작했다. 왜 그렇게 많은 여성들이 감정적으로 지쳐 있을까? 그 질문에 자연스럽게 따라오는 질문도 있었다. 어떻게 하면 다시 활력을 얻고 우리에게 정말로 필요한 것을 얻을 수 있을까?

우리는 사회와 가족, 교육, 미디어를 비롯해 자신이 경험한 모든 것에 대하여 어떻게 행동하고 행동하지 말아야 하는지 강력하게 훈련받고 학습했다. 다른 무엇보다도 그 과정은 우리에게 자신의 욕구를 관리하고 감시하고 거부하는 방법을 가르쳐 주었다. 우리는 성취감, 가장 심오한 질문에 대한 답 그리고 무엇보다도 자신을 바라보는 관점을 자기 밖에서 찾으려고 했다. 이 모든 것은 안전과 소속감을 위해서였다.

당신은 아마도 진정한 자신을 보여주고 진정한 욕구를 표현했을 때 실제적인 위협과 결과를 마주한 경험이 있을 것이다. 그 위협은 판단과 비판, 거절의 형태로 나타난다. 대부분의 여성들이 그러하듯 당신은 자신의 행복이 그 무엇보다도 다른 사람들에게 호감을 받는 능력에 좌우된다고 믿게 되었을 것이다. 그래서 사람들의 마음에 들 수 있는 방법을 찾는 것이 자신을 위해 할 수 있는 가장 중요한 자기돌봄 행동이라고 철석같이 믿게 되었다. 하지만 그것은 사실이 아니다. 오히려 그 믿음은 다른 어떤 것보다도 우리를 꼼짝 못 하게 가둬두고 감정적으로 지치게 한다.

우리가 잘 알고 있듯이 오늘날의 자기돌봄 산업이 여자들의 감정적 소진에 대한 해답으로 팔고 있는 것은 충분하지 않은 치료법이며 우리를 괴롭히는 것을 치료하기에 적절하지 않다. 현재 잘 알려진 자기돌봄은 자신을 의심하고, 자신에게 필요하며 더 나은 사람으로 만들어주는 무언가를 추구하게 함으로써 내적인 자양분의 지속을 외적인 자원에 의존하게 만든다. 그러나 그런 자기돌봄은 충분히 깊지도 않고 멀리 가지도 못한다. 감정과 정신의 깊은 곳까지 침투하지 않으며 감정의 소진을 일으키는 근본적인 문제를 해결하지도 못한다. 그 냄새와 맛, 느낌이 아무리 좋아도 자기돌봄 산업은 우리가 원하는 사람이 되기 위해 자신을 버렸다는 사실을 바꿀 수 없다.

진실은 이러하다. 반짝이는 조명과 캐시미어 슬리퍼, 에센셜 오일은 우리가 자신을 돌보게 해주고 소중한 존재라는 사실을 깨닫게 해주지 않는다. 그런 것들은 우리를 우리의 진실과 연결해 주지 못하며 자신의 지혜를 존중하고 신뢰하게 해줄 수 없다. 일시적으로는 가능할지 몰라도 그 효과가 지속될 수는 없다. 고통스러운 마음의 상처가 아니라 밖에 연고를 바르는 셈이다. 고통은 줄어들지 않고 왜 효과가 없는지 의아해진다. 부지런하고 성실하게 자신을 돌보았는데도 여전히 에너지가 소진되고 욕구는 충족되지 않은 상태로 남아 있다.

현재의 자기돌봄 모델은 우리에게 영양분을 공급하도록 설계된 것처럼 보이지만, 더 많이 원하게 하고 쳇바퀴 돌 듯 끝없이 정답을 찾아 헤매다가 결국 스스로를 자책하게 만든다. 그 모델의 틀 자체가 우리가 있는 그대로는 부족한 존재이기에 좀 더 나은 존재가 되어야 한다는 생각에서 출발하기 때문이다. 우리가 찾고 있는 목적지가 바로 자신이며 내가 성취감의 원천일지도 모른다는 사실을 고려하지 않는다. 자신에게 즐거움을 주는 것은 중요한 습관이고 죄책감 없이 그렇게 하는 것은 훨씬 더 중요한 일이지만, 우리의 가장 심오한 욕구를 자기돌봄 산업에 맡겨서는 안 된다. 그 누구에게도 그 어떤 것에도 맡길 수 없다.

대부분의 자기 개선 전략은 주도적으로 행동하는 방법에

대한 지침을 제공한다. 자신을 위해 당당하게 맞서고 거절할 줄도 알고 필요한 것을 자신 있게 말하고 궁극적으로 최고의 모습으로 살아가라고 말이다. 하지만 자신의 진실을 인정하고 존중하고 존엄성을 부여하기 전에는 그런 일들을 제대로 해낼 수 없다. 자신을 소중히 여기기 전까지는 지친 마음을 치유할 수 없다. 또한 우리는 자신을 신뢰할 수 있을 때까지 완전한 생명력과 힘에 접근할 수 없다. 자신의 경험이 자신에게 중요해져야만 다른 사람들에게도 그 중요성을 납득시킬 수 있다. 나의 욕구가 충족될 가치가 있다는 것을 알려면 자신의 편에 서야 한다. 내가 절대적으로 가치 있는 사람이라는 사실을 알아야만 행동으로도 옮길 수 있다.

진정한 재충전을 위해서는 근본적인 상태를 다시 프로그래밍해야 한다. 우선 알아차림과 행동이 차례대로 이루어져야 한다. 진정한 나로 말하고 걷고 살아갈 용기가 필요하다. 어쩌면 다른 사람들이 우리에게 원치 않는 변화일 수도 있다. 이 과정에는 지금까지 단 한 번도 온전하게 또는 자유롭게 사는 것이 허용되지 않았던 자아를 위한 엄청난 확신과 인내, 용기, 자기애가 필요하다.

하지만 냉혹한 진실이 있다. 만약 우리가 맡은 모든 역할을 넘어서서 자신이 누구인지를 발견하고 싶다면, 진정한 자신으로 살고 싶다면, 진정한 힘과 생명력과 연결된 기분을 느끼고 싶다면, 타인의 허락과 인정 없이 살아야 한다. 그것은 노력할 가치가 충분히 있는 일이다. 우리는 자기편에 서는 동시에 다른 모든 사람을 내 편으로 만들 수 없다. 현실은 그런 식으로 움직이지 않는다. 그러니 기꺼이 남이 아니라 자신을 선택하고 나의 진실을 선택해야 한다. 자신의 지지와 존중, 인정이 궁극적으로 자신을 지탱해 줄 것이라는 믿음을 가져야 한다.

나는 당신이 이 책의 내용을 머리로만이 아니라 몸과 마음, 정신으로 전부 흡수했기를 바란다. 이제 자신을 돌보는 것이 내적인 작업이라는 사실을 뼛속 깊이 새겼으면 한다. 그 작업은 안에서 밖으로 일어난다. 그리고 자기돌봄은 습득하는 것이 아니라는 사실도 알았기를 바란다. 진정한 자기돌봄은 자신과의 내밀한 관계에서 일어나는 태도의 변화이다. 마음속에서 자신의 진실에 대한 깊은 공감과 지지, 존중심이 생겨나면 그때 가장 근본적인 방법으로 자신에게 자양분이 공급된다. 재충전이 이루어지는 것이다.

다른 사람들이 나와 함께 있을 때 어떤지보다 내 상태가 어떤지에 더 관심을 기울일 때 삶의 변화가 가능해지고 필요해지고 불가피하게 된다. 그 시점에 이르면 이미 변화가 이루어지고 있다는 뜻이다.

자신의 진실에 집중하고 그 누구도 아닌 자신의 지지와 존중심으로 힘을 얻어 우뚝 선 상태에서는 자기돌봄이 행동이 아니라 존재 상태가 된다. 자신을 보살피는 당신은 더 이상 당신이 보살피는 자신과 분리되지 않는다. 그러면 비로소 해야 할 일 목록에서 "나에게 잘하기"를 지울 수 있을 것이다. 그런 표현 자체가 더 이상 말이 되지 않는다. 자신의 욕구와 필요를 무시하거나 거부하는 것이 불가능할 테니까. 자신을 보살피고 친절하게 대하는 일이 지극히 당연하고 그 무엇과도 타협할 수 없는 일이 된다. 마침내 당신에게는 자기 계발 전문가의 말도(메모도) 필요하지 않다.

좋은 소식이 있다. 우리는 어린 시절의 환경이 세뇌한 거짓된 믿음에 따라 살지 않아도 된다. 우리의 경험과 욕구가 골칫거리이고 나라는 존재 자체가 문제라고 주장하는 믿음 체계를 더 이상 따를 필요가 없다. 또한 스스로가 부족하고 고쳐야 하고 근본적으로 잘못이 있는 사람이라고 생각하지 않아도 된다. 자신을 더 낫고 완전하게 만들어줄 누군가 혹은 무언가를 계속해서 찾아 헤맬 필요가 없다.지금까지 우리가 배운 믿음과는 정반대이지만 당신은 필요한 것을 얻고 행복해지기 위해 다른 사람들이 원하는 사람이 되지 않아도 된다. 그런 인생과는 이제 작별이다.

알아차림은 곧 자유이다. 일단 패턴을 찾으면 바꿀 수 있다. 다른 존재 방식과 다른 현실을 만들 수 있다. 삶이 나를 설

계하는 것이 아니라 내가 삶을 설계하는 방식이다. 자신을 구속하는 오래된 믿음을 거부함으로써 적극적으로 자기돌봄의 새로운 패러다임을 구축하는 것이다.

감정적 소진은 우리의 이야기에서 빠져도 되는 부분이다. 여자라는 이유만으로 그것이 필수적인 요소나 결과가 아니어도 된다. 내면으로부터 자기돌봄을 실천하면 전혀 상상도 할 수 없었던 방식으로 당신의 욕구가 충족될 것이다. 더 나아가 당신이 수행하는 역할에 갇히거나 남들에게서 호감을 얻고 자신을 안전하게 지키는 것에만 급급하지 않은 삶을 만들 수 있을 것이다. 아무도 해주지 않는 말이지만, 호감성이라는 감옥의 문은 안에서만 열 수 있다. 쇠창살 너머에는 삶이 있다. 쇠창살 안에 갇혀서는 절대로 경험할 수 없는 더 현실적이고 더 역동적이고 더 자유롭고 더 충만한 삶이다. 타인의 시선에 연연하는 쇠창살 안에서의 안전은 자신의 진실과 일치함으로써 얻어지는 새로운 종류의 안전으로 바뀔 것이다. 남들에게 잘 보이는 것이 아닌 자신에게 진실해지는 것이 자신을 돌보는 가장 확실한 방법으로 바뀐다.

당신의 진실을 말하고 지혜로움을 주장하고 자신의 편을 들어주기에 지금보다 더 좋은 때는 없다. 그리고 거기에서 멈추지 마라. 자신의 진실을 계속 말하고 지혜를 계속 주장하고 계속해서 자신의 편을 들어라. 하루하루, 평생 그래야 한다.

당신이 확실하게 자신의 편에 선다면 무한한 자양분과 생명력의 열쇠를 갖게 될 것이다. 그 열쇠가 당신의 손에 쥐어질 것이다. 진짜 내가 있는 마음의 집에 온 것을 환영한다.

감사의 말

가장 먼저 제가 이 책을 처음 구상했을 때 공감해 주고 내내 믿어준 엘리자베스 홀리스 핸슨에게 감사를 전합니다. 사려 깊은 의견을 내어준 제니퍼 홀더에게도 감사드립니다. 사랑하는 여행 친구 브론웬 데이비스, 멀리사 맥쿨, 캐런 그린버그, 앤 자블론스키, 리사 패트릭, 조너선 삭스, 에이미 벨킨의 응원과 우정에 감사드립니다. 언제나 친절을 베풀어주는 스티브 위시니아에게도 감사합니다. 많은 도움을 준 잰 브론슨, 고마워요. 큰 웃음과 훌륭한 조언을 선사해 주는(제가 항상 받아들인 건 아니지만) 프레더릭에게도 고맙습니다. 당신이 내 옆에서 있어서 다행이에요. 나의 심장과도 같은 두 딸, 줄리엣과 그레천에게도 고맙습니다. 사람들의 시선에 얽매이지 않고 용감하게 진실을 말할 수 있는 새로운 세대를 대표하는 여성이 되어주기를. 그리고 나의 어머니 다이앤 셰인버그 여사님, 저에게 활기찬 힘과 지혜를 주셔서 감사합니다. 마지막으로 매일 나에게 가르침을 주고 마음을 열어주는 모든 내담자에게 감사를 전합니다.

주

1. "Stress by Gender," American Psychological Association, 2010, https:// www.apa.org/news/press/releases/stress/2010/gender-stress.

2. "Self-Care Is the Most Searched Googled Query Right Now." Times of India, May 13, 2020, https://timesofindia.indiatimes.com /life-style/ health-fitness/de-stress/self-care-is-the-most-searched-google -query- right-now/articleshow/75709693.cms.

3. "Michel Foucault: Ethics," Internet Encyclopedia of Philosophy, https:// iep.utm.edu/fouc-eth/#H4.

4. Aisha Harris, "A History of Self-Care," Slate, April 5, 2017, http://www. slate.com/articles/arts/culturebox/2017/04/the_history_of_self_care. html.

5. 위의 글.